Grammar Joy
중등 영문법

1a

POLY BOOKS

저자 **이 종 저**

　　이화여자대학교 졸업
　　Longman Grammar Joy 1, 2, 3, 4권
　　Longman Vocabulary Mentor Joy 1, 2, 3권
　　I am Grammar 1, 2권
　　Grammar & Writing Level A 1, 2권 / Level B 1, 2권
　　Polybooks Grammar joy start 1, 2권
　　Polybooks Grammar joy 1, 2, 3, 4권
　　Polybooks Grammar joy 중등 영문법 1a,1b,2a,2b,3a,3b권
　　Polybooks 문법을 잡아주는 영작 1, 2, 3, 4권
　　Polybooks Grammar joy & Writing 1, 2, 3, 4권
　　Polybooks Bridging 초등 Voca 1, 2권
　　Polybooks Joy 초등 Voca [phonics words] 1, 2권

저자 **박 영 교**

　　서울대학교 졸업
　　前 강남 IVY 영어학원 대표 원장
　　Polybooks Grammar joy 중등 영문법 1a,1b,2a,2b,3a,3b권
　　길벗스쿨 한 문장 영어독해 무작정 따라하기

감수 **Jeanette Lee**

　　Wellesley college 졸업

Grammar Joy 중등 영문법 1a

지은이 | 이종저, 박영교
펴낸곳 | POLY books
펴낸이 | POLY 영어 교재 연구소
기　획 | 박정원
편집디자인 | 박혜영

초판 1쇄 인쇄 | 2015년 10월 30일
초판 20쇄 인쇄 | 2023년 6월 15일

POLY 영어 교재 연구소

경기도 성남시 분당구 황새울로 200번길 28 (수내동, 오너스타워)
전　화　070-7799-1583　Fax (031) 262-1583

ISBN | 979-11-86924-78-5
　　　979-11-86924-77-8 (세트)

Grammar Joy
중등 영문법

1a

POLY BOOKS

Preface

먼저 그 동안 Grammar Joy Plus를 아껴 주시고 사랑해 주신 분들께 감사를 드립니다. 본 책의 저자는 Grammar Joy Plus를 직접 출간하게 되었습니다. 저자가 직접 출간하게 된 만큼 더 많은 정성과 노력을 들여 미흡하였던 기존의 Grammar Joy Plus를 완전 개정하고 내신문제를 추가하였으며, 책 제목을 Grammar Joy 중등영문법으로 바꾸어 여러분께 선보이게 되었습니다.

모든 교재에서 키포인트는 저자가 학생들의 눈높이를 아는 것입니다. 같은 내용의 문법을 공부하더라도 그 내용을 저자가 어떻게 쉽게 풀어 나가느냐 하는 것이 가장 중요하며, 이에 비중을 두어 만든 교재야말로 최상의 교재라고 생각합니다. Grammar Joy 중등영문법은 저희가 오랜 현장 경험을 바탕으로 이 부분에 초점을 맞추어 만들었습니다.

첫째, 본 교재는 비록 처음 접하는 어려운 내용의 문법일지라도 학생들에게 쉽게 학습효과를 얻을 수 있도록 설명하였습니다. 학생들이 small step으로 진행하면서 학습 목표에 도달할 수 있도록 쉬운 내용부터 시작하여 어려운 내용까지 단계별로 구성하였습니다.

둘째, 시각적으로 용이하게 인식할 수 있도록 문제의 틀을 만들었습니다. 문장의 구조를 도식화하여 설명과 문제 유형을 만들었으므로, 어렵고 복잡한 내용도 쉽게 이해하고 기억에 오래 남을 수 있습니다.

셋째, 쉬운 단어로 구성했습니다. 학습자들이 문장 중에 어려운 단어가 많으면 정작 배워야 할 문법에 치중하지 못하고 싫증을 내고 맙니다. 따라서 학습자 누구나 단어로 인한 어려움 없이 공부할 수 있도록 단어를 선별하였습니다.

넷째, 생동감 있는 문장들을 익힐 수 있도록 하였습니다. 실생활에서 사용되어지는 문장들을 가지고 공부함으로써 현장에 적용시킬 수 있습니다.

다섯째, 풍부한 양의 문제를 제공합니다. 최대의 학습 효과를 얻기 위해서는 학생 스스로가 공부하는 시간을 많이 가지는 것입니다. 또한 많은 문제를 제공함으로 학생 스스로 문제를 풀어 가면서 문법 내용을 본인도 모르는 사이에 저절로 실력 향상을 이룰 수 있습니다.

본 교재를 비롯하여 Grammar Joy Start, Grammar Joy, Grammar Joy 중등영문법을 연계하여 공부한다면 Grammar는 완벽하게 이루어질 것입니다.

특히 저자가 직접 출간한 교재는 타사의 본 교재를 흉내낸 교재들이 따라 올 수 없는 차이점을 느끼실 수 있습니다. 아무쪼록 이 시리즈를 통하여 여러분의 영어 공부에 많은 발전이 있기를 바라며 함께 고생해 주신 박혜영, 박정원께도 감사를 드립니다.

저자 이종거 박영교

Contents

Series Contents

Guide to **This Book**

이 책의 구성과 특징을 파악하고 본 책을 최대한 여러분의
시간에 맞춰 공부 계획을 세워 보세요.

1 Unit별 핵심정리

예비 중학생들이 반드시 알아 두어야 할 문법
들을 체계적으로 간단 명료하게 unit별로 정리
하였습니다.

2 핵심 정리

좀 더 심화된 문법을 배우기전 이미 학습한 내
용을 정리하여 쉽게 복습할 수 있도록 하였습
니다.

3 기초 test

각 unit별 필수 문법을 잘 이해하고 있는지 기
초적인 문제로 짚어 보도록 합니다.

4 기본 test

기초 test 보다 좀 더 어려운 문제를 풀어 봄으
로써 핵심 문법에 좀 더 접근해 가도록 하였습
니다.

5 실력 test

좀 더 심화된 문제를 통하여 문법을 완성시켜
주도록 하였습니다.

6 내신대비

지금까지 배운 내용을 내신에 적용할 수 있도록
문제 유형을 구성하였고 이를 통해 시험 대비
능력을 키울 수 있도록 하였습니다.

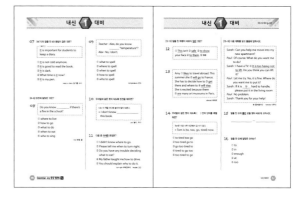

7 종합 문제

본 책에서 공부한 내용을 총괄하여 문제를 구
성하였으므로 이를 통하여 학습 성과를 평
가할 수 있습니다.

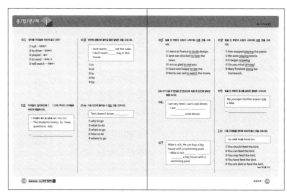

8 영단어 Quizbook

본 책의 학습에 필요한 단어들을 사전에 준
비시켜 어휘가 문법을 공부하는데 걸림돌이
되지 않도록 하고 학생들의 어휘 실력을 향상
시킬 수 있도록 준비하였습니다.

How to Use This Book

Grammar Joy 중등영문법 Series는 총 6권으로 각 권당 6주 총 6개월의 수업 분량으로 이루어져 있습니다. 학생들의 학업 수준과 능력, 그리고 학습 시간에 따라 각 테스트를 과제로 주어 교육 과정 조정이 가능합니다. 아래에 제시한 학습계획표를 참고로 학교진도에 맞춰 부분적으로 선별하여 학습을 진행할 수도 있습니다.

Month	Course	Week	Hour	Part	Homework/ Extra
1st Month	Grammar Joy 중등영문법 1a	1st	1 2 3	문장의 구성 부정사 A	▶chapter별 단어 test는 과제로 주어 수업 시작 전에 test
	Grammar Joy 중등영문법 1a	2nd	1 2 3	부정사 B 동명사	▶각 chapter별 내신대비는 과제로 주거나 각 chapter 수업 후 test
	Grammar Joy 중등영문법 1a	3rd	1 2 3	분사	
	Grammar Joy 중등영문법 1a	4th	1 2 3	조동사	
2nd Month	Grammar Joy 중등영문법 1a	1st	1 2 3	수동태	
	Grammar Joy 중등영문법 1a	2nd	1 2 3	현재완료	
	Grammar Joy 중등영문법 1b	3rd	1 2 3	명사와 관사	
	Grammar Joy 중등영문법 1b	4th	1 2 3	대명사	
3rd Month	Grammar Joy 중등영문법 1b	1st	1 2 3	형용사와 부사	
	Grammar Joy 중등영문법 1b	2nd	1 2 3	비교 전치사	
	Grammar Joy 중등영문법 1b	3rd	1 2 3	명사절과 상관 접속사	
	Grammar Joy 중등영문법 1b	4th	1 2 3	부사절	▶종합 test는 각 권이 끝난 후 evaluation 자료로 사용한다

Month	Course	Week	Hour	Part	Homework/Extra
4th Month	Grammar Joy 중등영문법 2a	1st	1 2 3	부정사 A	▶chapter별 단어 test는 과제로 주어 수업 시작 전에 test
	Grammar Joy 중등영문법 2a	2nd	1 2 3	부정사 B	▶각 chapter별 내신대비는 과제로 주거나 각 chapter 수업 후 test
	Grammar Joy 중등영문법 2a	3rd	1 2 3	동명사	
	Grammar Joy 중등영문법 2a	4th	1 2 3	분사 구문	
5th Month	Grammar Joy 중등영문법 2a	1st	1 2 3	조동사 수동태	
	Grammar Joy 중등영문법 2a	2nd	1 2 3	완료	
	Grammar Joy 중등영문법 2b	3rd	1 2 3	비교 명사절	
	Grammar Joy 중등영문법 2b	4th	1 2 3	부사절과 접속부사	
6th Month	Grammar Joy 중등영문법 2b	1st	1 2 3	관계대명사 A	
	Grammar Joy 중등영문법 2b	2nd	1 2 3	관계대명사 B	
	Grammar Joy 중등영문법 2b	3rd	1 2 3	시제의 일치와 화법	
	Grammar Joy 중등영문법 2b	4th	1 2 3	가정법	▶종합 test는 각 권이 끝난 후 evaluation 자료로 사용한다

Month	Course	Week	Hour	Part	Homework/ Extra
7th Month	Grammar Joy 중등영문법 3a	1st	1 2 3	부정사	▶chapter별 단어 test는 과제로 주어 수업 시작 전에 test
	Grammar Joy 중등영문법 3a	2nd	1 2 3	동명사	▶각 chapter별 실전Test는 과제 로 주거나 각 Chapter 수업 후 test
	Grammar Joy 중등영문법 3a	3rd	1 2 3	분사	
	Grammar Joy 중등영문법 3a	4th	1 2 3	분사구문	
8th Month	Grammar Joy 중등영문법 3a	1st	1 2 3	조동사	
	Grammar Joy 중등영문법 3a	2nd	1 2 3	수동태 명사와 관사	
	Grammar Joy 중등영문법 3b	3rd	1 2 3	대명사	
	Grammar Joy 중등영문법 3b	4th	1 2 3	형용사와 부사	
9th Month	Grammar Joy 중등영문법 3b	1st	1 2 3	비교	
	Grammar Joy 중등영문법 3b	2nd	1 2 3	관계사	
	Grammar Joy 중등영문법 3b	3rd	1 2 3	가정법	
	Grammar Joy 중등영문법 3b	4th	1 2 3	전치사 특수 구문	▶종합 Test는 각 권이 끝난 후 evaluation 자료로 사용한다

Preparation

문장의 구성

UNIT 1

8품사

집에서 아빠는 회사에 가서 돈을 벌어 오시고, 엄마는 살림하시고, 나와 동생은 학교에 다니며 공부하고 강아지는 집을 지켜주듯이 가정에서도 모두 각자 역할이 있다. 이처럼 문장을 구성하는 단어들도 각기 그 역할이 있다. 문장을 이루는 단어들을 그 역할에 따라 분류해 놓은 것을 품사라고 하며 그 종류가 8가지가 있다. 이를 '8품사'라고 한다.

🟦 명사

세상에 있는 모든 것들은 각기 자신의 이름이 있다. 이 때 세상에 있는 모든 것들이라 함은 사람, 사물을 모두 포함한다. 이들 각각의 이름을 명사라고 한다.

ex. teacher, doctor, pen, bed....

* 명사 중에서도 세상에 하나 밖에 없는 명사(사람 이름, 나라 이름, 산 이름, 강 이름...)를 고유명사라고 한다.
 ex. Jane, Korea, Mt. Everest....

🔵 대명사

명사대신 쓰는 말이다. 그래서 '명사' 앞에 '명사를 대신하다' 는 뜻으로 '대'자를 붙여 '대명사'라고 한다.

ex. this, that, it, I, you, he, she, they, we.....

Tip! 여러분이 엄마 앞에 있는 책을 가르키며, "그것 좀 주세요."라고 말한다면 이는 '책'대신 '그것'이라는 대명사를 사용한 것이다.

🟦 동사

상태나 움직임을 나타내는 말이다. 우리는 하루 종일의 생활이 먹고, 놀고, 공부하고....등의 동사로 이루어져 있다.

ex. be, go, eat, work, study.....

🟦 형용사

사람이나 사물의 성질, 상태를 나타내는 말이다. 그 쓰임은 두 가지 경우가 있다.

ⓐ 명사를 꾸며주며 우리말에서는 '～한'에 해당한다.
  ex. a good girl, a kind man....

ⓑ '～이다'라는 동사와 함께 사용되어 사람이나 사물의 상태를 설명해준다.
  ex. She is cute. 그녀는 귀엽다 (귀여운+이다).

🧊 부사

동사, 형용사, 부사를 꾸며준다.

ex. 동사를 꾸미는 경우 − <u>run</u> <u>fast</u> 빨리 달린다
　　　　　　　　　 동사　 부사

　　 부사를 꾸미는 경우 − <u>very</u> <u>fast</u> 매우 빨리
　　　　　　　　　 부사　 부사

　　 형용사를 꾸미는 경우 − a <u>very</u> <u>fast</u> <u>horse</u> 매우 빠른 말
　　　　　　　　　　　 부사　 형용사　 명사

Tip! 꾸며주는 관계를 찾는 법은 두 단어를 이어 보아 자연스러우면 앞의 단어가 뒤의 단어를 꾸며 주는 관계이다. '매우 빨리 달린다'에서 '매우 빨리'는 자연스러우나 '매우 달린다'는 굉장히 어색하다. 그러므로 매우(부사)가 빨리(부사)를 꾸며 주지만, '매우'가 '달린다'를 꾸며주는 것이 아니라는 것을 알 수 있다.

🧊 접속사

단어와 단어, 문장과 문장을 연결한다.

ex. you **and** I 너와 나

　　 pizza **or** pasta 피자 또는 파스타

　　 He is small **but** strong. 그는 작지만 힘이 세다.

🧊 전치사

명사 앞에서 위치, 방향, 때...등을 나타낸다.

ex. 위치 - **under** the table 탁자아래

　　 방향 - **to** the park 공원으로

　　 때 - **in** the morning 아침에

🧊 감탄사

감정을 나타낸다.

Oh! 오!, **Wow!** 와우!, **Ah!** 애, **Ouch!** 아이쿠!, **Oops!** 아이고!/어머!...

A 기초 TEST

보기에서 알맞은 것을 골라 써 넣어 보자.

| 보기 |

| a. 명사 | b. 대명사 | c. 동사 | d. 형용사 |
| e. 부사 | f. 접속사 | g. 전치사 | h. 감탄사 |

1 감정을 나타내는 말   *h*

2 세상에 있는 모든 것들의 이름

3 단어와 단어, 문장과 문장을 연결하는 말

4 상태나 움직임을 나타내는 말

5 명사 앞에서 위치, 방향, 때를 나타내는 말

6 명사대신 쓰는 말

7 동사, 형용사, 부사를 꾸며주는 말

8 명사를 꾸며주는 말

B 기초 TEST

정답 및 해설 **p.2**

주어진 단어들에 해당하는 품사를 보기에서 골라 써 넣어 보자.

> | 보기 |
> a. 명사   b. 대명사   c. 동사   d. 형용사
> e. 부사   f. 접속사   g. 전치사   h. 감탄사

1 shoes, flower, mom, desk, bowl, eraser   *a*

2 am, sleep, walk, sing, work, dance, jog

3 very, high, slow, hard, nicely, so, too

4 Wow!, Oh!, Ah!, Ouch!, Woops!

5 pretty, smart, long, dirty, good, kind

6 or, and, but

7 she, that, we, they, this, you, it

8 in, under, before, to, after, for, with

보기에서 밑줄 친 단어의 품사를 골라 써 넣어 보자.

┌── |보기| ──────────────────────────────────┐
│ 명 – 명사   대 – 대명사   동 – 동사   형 – 형용사 │
│ 부 – 부사   접 – 접속사   전 – 전치사   감 – 감탄사 │
└──┘

1 That <u>is</u> a <u>very</u> <u>poor</u> <u>dog</u>.
　　　 동　　부　　형　　명

2 He <u>sleeps</u> <u>early</u> <u>and</u> gets up <u>late</u>.

3 The <u>old</u> <u>man</u> <u>speaks</u> <u>very</u> <u>slowly</u>.

4 <u>They</u> <u>saw</u> the <u>famous</u> <u>dancer</u> at the <u>restaurant</u>.

5 <u>Ah!</u> <u>She</u> <u>is</u> <u>beautiful</u>.

6 They <u>are</u> <u>going</u> to <u>meet</u> <u>at</u> the <u>corner</u>.

7 <u>I</u> sent a text <u>message</u> <u>to</u> mom <u>quickly</u>.

8 <u>It</u> is a <u>very</u> <u>fresh</u> fish.

text message 문자 메세지   quickly 급히

보기에서 밑줄 친 단어의 품사를 골라 써 넣어 보자.

| 보기 |

명 – 명사 　　 대 – 대명사 　　 동 – 동사 　　 형 – 형용사

부 – 부사 　　 접 – 접속사 　　 전 – 전치사 　　 감 – 감탄사

1 The <u>movie</u> is <u>too</u> <u>long</u>.
　　명　　　부　　형

2 <u>He</u> <u>bought</u> a big house <u>and</u> a <u>new</u> car.

3 Which do <u>you</u> like better, <u>this</u> <u>or</u> <u>that</u>?

4 The <u>great</u> <u>artist</u> <u>visited</u> Korea <u>suddenly</u>.

5 Jane <u>and</u> <u>Paul</u> study <u>in</u> the library.

6 <u>Ouch</u>! It <u>hurts</u>.

7 She brought <u>some</u> <u>cookies</u> <u>to</u> <u>us</u>.

8 I <u>found</u> a book <u>about</u> history.

---

suddenly 갑자기 　　**about** ~에 관한

UNIT 2 문장의 구성 요소

주어

- 주어는 문장의 주체가 되는 말이며 문장의 주인이라고 생각하면 된다. 그러므로 주어는 대개 문장의 맨 앞에 온다.
- 주어 자리에는 주로 명사나 대명사가 온다.   • 우리말에서는 '은/는/이/가'로 끝난다.

ex. <u>We</u> go to school. 우리는 학교에 간다.
　　　주어

동사

- 동사는 그 주어의 움직임이나 상태를 나타낸다. • 우리말에서는 '～이다/ ～하다'에 해당한다.

ex. He <u>studies</u> hard. 그는 열심히 공부한다.
　　　　　동사

목적어

- 목적어는 동사의 목적(목표)이 되는 말이며 주로 명사나 대명사가 온다.
- 우리말에서는 '～을/를, 에게'로 끝난다.

ex. I love <u>him</u>. 나는 그를 사랑한다.　I gave <u>him</u> <u>a book</u>. 나는 그에게 책을 주었다.
　　　　　　목적어　　　　　　　　　　(간접)목적어 (직접)목적어

보어

- 주어나 목적어를 보충 설명해준다.   • 명사, 형용사 또는 대명사가 주로 온다.

ⓐ 주어를 보충 설명하는 경우

ex. It is <u>an apple</u>. (주어=보어) 그것은 사과이다.
　　　주어　　보어

ⓑ 목적어를 보충 설명하는 경우

ex. He made <u>me</u> <u>happy</u>. (목적어=보어) 그는 나를 행복하게 만들었다
　　　　　　　목적어　보어

문장을 자세히 설명하기 위해 문장의 기본적인 구성 요소 이외의 것들이 함께 오기도 한다.

ex. I live in Seoul. 나는 서울에 산다.
　　　주어 동사　부사구

기초 TEST

정답 및 해설 **p.2**

다음 중 관계있는 것끼리 연결해 보자.

| 보기 |

A. 주어의 움직임이나 상태를 나타내는 말

B. 문장의 주체가 되는 말이며 문장의 주인이 되는 말

C. 동사의 목적(목표)이 되는 말

D. 주어나 목적어를 보충 설명해주는 말

a. 우리말에서는 '〜을/를(에게)'로 끝난다.

b. 우리말에서는 '〜다'로 끝난다.

c. 우리말에서는 '은,는,이,가'로 끝난다.

1 주어   *B* .   *c*

2 동사   .

3 목적어   .

4 보어   .   X

A 기본 TEST

다음 밑줄 친 단어에 해당하는 요소를 ( ) 안에서 골라 보자.

1 <u>Peter</u> works in London.　　　　　(주어, 동사, 목적어, 보어)

2 She is <u>so beautiful</u>.　　　　　(주어, 동사, 목적어, 보어)

3 You and he are <u>my best friends</u>.　　　　　(주어, 동사, 목적어, 보어)

4 My son <u>hates</u> carrots.　　　　　(주어, 동사, 목적어, 보어)

5 They looked at <u>the door</u>.　　　　　(주어, 동사, 목적어, 보어)

6 She made her son <u>a doctor</u>.　　　　　(주어, 동사, 목적어, 보어)

7 We call <u>him</u> Mr. Smith.　　　　　(주어, 동사, 목적어, 보어)

8 The cookies tasted <u>sweet</u>.　　　　　(주어, 동사, 목적어, 보어)

9 Jack <u>was walking</u>.　　　　　(주어, 동사, 목적어, 보어)

10 Ann doesn't like <u>the doll</u> at all.　　　　　(주어, 동사, 목적어, 보어)

11 <u>The window</u> was broken.　　　　　(주어, 동사, 목적어, 보어)

12 <u>My friends</u> call him "Tough guy".　　　　　(주어, 동사, 목적어, 보어)

13 It <u>is raining</u> now.　　　　　(주어, 동사, 목적어, 보어)

14 He bought <u>some food</u> yesterday.　　　　　(주어, 동사, 목적어, 보어)

15 Can <u>your sister and you</u> sing K-pop?　　　　　(주어, 동사, 목적어, 보어)

---

should ~해야 한다　　**along** ~을 따라　　**at all** 전혀　　**tough** 힘든, 어려운, 억센　　**K-pop** 한국팝

보기에서 밑줄 친 부분의 구성성분을 골라 써 넣어 보자.

| 보기 |

주어 – 주   동사 – 동   목적어 – 목   보어 – 보

1 We played soccer with Jisung.
    주   동   목

2 They are scientists.

3 I learned history from the teacher.

4 This dress is wonderful.

5 People call the girl 'little Ann'

6 He and she rode their bikes together.

7 The famous singer sings very well.

8 His parents are very old.

9 Jenny named the cat 'Kitty'.

10 The kid can turn on the MP3.

name 이름짓다, 명명하다   turn on 켜다

UNIT 3 문장의 형식

1 1형식과 2형식

1형식

주어 + 동사

ex. I worked.
　　　주어　동사

보통 문장들은 주어가 길어지기도 하고, 부사(구)를 더해서 문장을 더 풍성하게 만든다. 복잡해 보이는 문장도 이 단계에서는 길어진 주어를 찾거나 부사(구)를 지워보면 문장의 형식이 드러난다.

ex. He and I work ~~for the post office.~~ (1형식)
　　　주어　　　동사　　　부사구

Tip! 문장을 풍성하게 해주는 것들은 부사구 외에도 여러 가지가 있다.

2형식

주어 + 동사 + 보어

2형식에서의 보어는 주어를 보충 설명해주는 말이므로 '주격보어'라고 한다.

ⓐ 주어 + be동사 + 보어 (형용사/명사)

ex. He is a teacher. he = teacher (주어 = 보어)
　　　　be동사　보어(명사)

I am happy. I = happy (주어 = 보어)
　be동사 보어(형용사)

ⓑ 주어 + 감각을 나타내는 동사 + 형용사

ex. You look tired. you = tired (주어 = 보어)
　　　　동사　보어(형용사)

Tip! 이외에 되다(become, get), 변하다(turn) 등의 동사도 형용사와 함께 2형식 문장을 만듭니다.
ex. He got angry.

감각을 나타내는 동사

feel	~한 느낌이 나다	look	~하게 보이다
smell	~한 냄새가 나다	sound	~하게 들리다
taste	~한 맛이 나다		

다음은 1형식 문장들이다. 주어진 문장의 주어와 동사를 ○표로 나누어 보자.

1 Ⓘ sleep.
　　주어　동사

2 A yellow bird sings.

3 Tom and I can swim.

4 A lot of stars are shining.

5 A beautiful woman smiled.

다음은 1형식 문장들이다. 주어진 문장의 주어와 동사를 ○표로 나누고 부사(구)는 ×표 해 보자.

1 This book sells ~~well~~.
　　주어　　동사

2 We are going to move to Seoul.

3 Jane danced here with Ben.

4 His friends left last night.

5 The old man speaks very slowly.

move to ~로 이사하다

A 기본 TEST

다음은 2형식 문장들이다. 주어진 문장의 주어, 동사, 보어를 ○표로 나누어 보자.

1 (Dad) (is) (healthy.)
　　주어 동사　 보어

2 He became a movie star.

3 I will be a great scientist.

4 Your mom looks young.

5 It tastes good.

다음은 2형식 문장들이다. 주어진 문장의 주어, 동사, 보어를 ○표로 나누고 부사(구)에 ×표 해 보자.

1 (I) (was) (a teacher) ~~two years ago~~.
　　주어 동사　 보어

2 John is busy today.

3 Bill gets tired easily.

4 The book is too difficult for me.

5 Suddenly her face turned red .

turn …되다

B 기본 TEST

정답 및 해설 p.3

주어진 문장에서 문장의 구성요소를 ○표로 나누고, 문장의 구성요소를 쓰고 부사(구)는 ×표 한 다음,
1형식 문장과 2형식 문장 중 골라 써 보자.

1 (Tom and I)(work) at the same school.　　　　*1* 형식
　　주어　　동사

2 The bus is coming around the corner.　　　　형식

3 My son got wet soon.　　　　형식

4 She is a very diligent student.　　　　형식

5 He is skiing on the hill.　　　　형식

6 The food smells sweet.　　　　형식

7 It rains a lot in summer.　　　　형식

8 Jim and his friend swam in the sea.　　　　형식

9 My mom was very sick yesterday.　　　　형식

10 This candy tastes sour.　　　　형식

---

around ~주위의　　corner 모퉁이　　wet 젖은　　diligent 부지런한　　hill 언덕　　sour 신맛의

2 문장의 3형식, 4형식, 5형식

🧊 3형식

주어 + 동사 + 목적어 / S + V + O

목적어는 우리말에서 '~을(를)'에 해당하는 말이다.

ex. I like English. (I ≠ English) (주어 ≠ 목적어)
　　주어　동사　목적어

🧊 4형식

주어 + 동사 + 간접목적어 + 직접목적어 / S + V + I.O + D.O

간접목적어는 '~에게', 직접목적어는 우리말에서 '~을(를)'에 해당하는 말이다.

ex. I gave Tom a book. (Tom ≠ a book)
　　주어　동사　간접목적어　직접목적어

🧊 5형식

주어 + 동사 + 목적어 + 목적(격)보어 / S + V + O + O.C

5형식에서의 목적(격)보어는 목적어를 보충설명해주는 말이다.

ex. I made my son an actor. (my son = an actor)
　　주어　동사　목적어　　목적보어

Tip! 5형식에서의 보어는 목적어를 보충 설명해주는 말이므로 목적(격)보어라고 하며, 그러므로 3형식에 목적보어만 붙이면 5형식이라고 생각하면 된다.

문장의 5형식

1형식	주어	동사		
2형식	주어	동사	(주격) 보어	
3형식	주어	동사	목적어	
4형식	주어	동사	간접 목적어	직접 목적어
5형식	주어	동사	목적어	(목적) 보어

정답 및 해설 **p.3**

다음은 3형식 문장들이다. 주어진 문장의 주어, 동사, 목적어를 ○표로 나누어 보자.

1 (All the people) (like) (Psy.)
　　　주어　　　　동사　목적어

2 They brushed their teeth.

3 We visited our grandmother.

4 My friends do their homework.

5 Dad bought some flowers.

다음은 3형식 문장들이다. 주어진 문장의 주어, 동사, 목적어를 ○표로 나누고, 부사(구)는 ×표 해 보자.

1 (His sister) (reads) (two books) ~~every week~~.
　　　주어　　　동사　　목적어

2 She got an A in English.

3 The little boy speaks English well.

4 Tom watches the news on TV.

5 My teacher called all of his students yesterday.

---

get 얻다　　all of his students 그의 모든 학생들

기초 TEST

다음은 4형식 문장들이다. 주어진 문장의 주어, 동사, 간접목적어, 직접목적어를 ○표로 나누어 보자.

1 [Jenny] [gave] [her] [a pencil].
　 주어　　동사　간접목적어　직접목적어

2 I will buy you an watch.

3 He made her a cake.

4 She lent me an umbrella.

5 The old man brings John a chair.

다음은 4형식 문장들이다. 주어진 문장의 주어, 동사, 간접목적어, 직접목적어를 ○표로 나누고, 부사(구)는 ×표 해 보자.

1 [Helen] [showed] [him] [her bike] ~~in her house~~.
　 주어　　동사　간접목적어　직접목적어

2 Our teacher teaches us math in English.

3 She asked him the same question 1 hour ago.

4 Ben gave my brother a 500-piece puzzle yesterday.

5 I will write Jane a memo after school.

---

lend 빌려주다(lend-lent-lent)　　**500-piece puzzle** 500조각 퍼즐　　**after school** 방과 후에

기초 TEST

정답 및 해설 p.3, 4

다음은 5형식 문장들이다. 주어진 문장의 주어, 동사, 목적어, 목적보어를 ○표로 나누어 보자.

1 Americans elected Mr. Obama President.
　　주어　　동사　　목적어　　목적보어

2 I found Ann smart.

3 The news made them sad.

4 She considers him kind.

5 We call the music K-Pop.

다음은 5형식 문장들이다. 주어진 문장의 주어, 동사, 목적어, 목적보어를 ○표로 나누고, 부사(구)는 ×표 해 보자.

1 They named the baby Henry 1 year ago.
　　주어　동사　목적어　목적보어

2 She always calls her husband honey.

3 Trees make the air clean everywhere.

4 Dad and mom painted our house white last year.

5 I am going to make my son a lawyer in the future.

---

elect 선출하다　find 찾다, 알아내다, 알게되다　everywhere 모든 곳, 어디나　lawyer 변호사　in the future 미래에

A 기본 TEST

주어진 문장을 ○표로 나눈 후 부사(구)는 ×표 한 다음, 3형식 문장과 4형식 문장 중 골라 써 보자.

1 She meets Bill everyday.   3   형식
   주어 동사 목적어

2 Mom bought me a coat at the mall.   형식

3 I can drive a truck.   형식

4 Jane and Mary took a taxi at the taxi stand.   형식

5 The lady gave a baby a stick candy.   형식

6 He showed his son a robot.   형식

7 Tom lost his cell phone yesterday.   형식

8 My sister sends a text message to her friend.   형식

9 We have a lot of work.   형식

10 A man asked me the way.   형식

---

taxi stand 택시 승강장   stick candy 막대 사탕   a lot of 많은   city hall 시청

주어진 문장을 ○표로 나눈 후 부사(구)는 ×표 한 다음, 4형식 문장과 5형식 문장 중 골라 써 보자.

1 Dad read me the book in my room.   _4_ 형식
　주어　동사 간접목적어 직접목적어

2 She wrote her mom a letter 3 days ago.   ____ 형식

3 People called him Happy Jack.   ____ 형식

4 John made his daughter a violinist.   ____ 형식

5 My sister lent her a pencil.   ____ 형식

6 They leave me alone.   ____ 형식

7 My sister brought me a broken doll.   ____ 형식

8 Mom kept the window open.   ____ 형식

9 A boy showed me the way in the museum.   ____ 형식

10 The news made me sad.   ____ 형식

alone 홀로　　bring 가져오다, 가져다 주다　　broken 부숴진, 고장난

기본 TEST

정답 및 해설 **p.4**

주어진 문장을 O표로 나누고 부사(구)는 ×표 한 다음, 문장의 형식을 써 보자.

1 She looks very pale.
　　주어　동사　보어

　　　　　　　　　　　　　　　　　　2 　형식

2 He made his son a desk last week.

　　　　　　　　　　　　　　　　　　　　형식

3 Jim and his friend are lying on the grass.

　　　　　　　　　　　　　　　　　　　　형식

4 I found this game exciting.

　　　　　　　　　　　　　　　　　　　　형식

5 A raindrop fell on my head.

　　　　　　　　　　　　　　　　　　　　형식

6 We elected him captain.

　　　　　　　　　　　　　　　　　　　　형식

7 They were too lazy then.

　　　　　　　　　　　　　　　　　　　　형식

8 The old man hit the poor dog.

　　　　　　　　　　　　　　　　　　　　형식

9 Jack is painting the watercolors.

　　　　　　　　　　　　　　　　　　　　형식

10 His idea sounds great.

　　　　　　　　　　　　　　　　　　　　형식

---

pale 창백한　　**lie** 누워 있다　　**raindrop** 빗방울　　**elect** 선출하다　　**captain** 대장　　**watercolors** 수채화

Chapter 1

부정사 A

Unit1 명사적 용법

Unit2 형용사적 용법

Unit3 부사적 용법

UNIT 1

명사적 용법

부정사란?

품사가 정해져 있지 않고, 동사의 성질을 가지고 있으면서 명사, 형용사, 부사의 역할을 하는 동사의 변형된 형태를 말한다.

형태: to+동사 원형

문장 안에서 그 쓰임에 따라 명사로 쓰이면 명사적 용법, 형용사로 쓰이면 형용사적 용법, 부사로 쓰이면 부사적 용법의 세 가지로 나눌 수 있다.

---

1 부정사의 명사적 용법

우리말에서는 '~하는 것(~하기)'에 해당한다.

to	+	go	=	to go
		가다		가는 것/가기

Tip! 동사의 원형이란?

우리말에서도 '간다', '갔다', '갈 것이다', '갈 수 있다'의 기본 뿌리는 '가다'이며 이로부터 모두 변화한 말이다. 이처럼 영어에서도 기본형이 있다. 대개의 경우 기본형은 's(es)'가 붙지 않은 현재형과 일치한다. 단, be동사처럼, 원형(be)과 현재형(am, are, is)과 과거형(was, were) 이 다른 경우도 있다.

ex. go 간다, went 갔다, will go 갈 것이다, can go 갈 수 있다.....

동사의 형태 비교(예시)

동사원형	work	일하다
현재	work(s)	일한다
과거	worked	일했다
미래	will work	일할 것이다
부정사(명사적 용법)	to work	일하는 것 / 일하기

Tip! work(일하다)는 동사이며, '일하는 것' 이라는 명사가 없으므로 work라는 동사 앞에 to를 붙여서 to work (일하는 것/일하기)라는 명사를 만든다.

🔷 부정사가 문장에서 명사로 쓰이는 경우

명사가 사용되는 자리인 주어, 목적어, 보어에 부정사가 사용될 수 있다.

ex.   To swim   is fun.   수영하는 것은 재미있다.
           주어

       I like   to swim   나는 수영하는 것을 좋아한다.
               목적어

       My hobby is   to swim   나의 취미는 수영하는 것이다.
                     보어

🔷 부정사가 주어로 오는 경우

부정사가 주어가 될 때 부정사는 3인칭 단수로 취급하여 동사는 3인칭 단수 동사를 사용해야 한다.

ex.   To swim is fun.
      ~~To swim are fun.~~

🔷 부정사가 목적어나 보어로 쓰이는 경우에는 to가 동사와 동사를 연결하는 형태가 된다.

ex.   He <u>began</u> to cry.   그는 울기 시작했다. (시작했다 – 울기를)
      동사   동사(목적어)

      My bad habit <u>is to eat</u> at night.   나의 나쁜 습관은 밤에 먹는 것이다. (이다 – 먹는것)
                 동사   동사(보어)

Tip!   '나는 노래하는 것을 좋아한다'라는 문장을 만들어 보도록 한다.

영어에는 '노래하는 것'이라는 하나로 된 단어가 없다. 그러므로 'sing'이라는 단어를 변형시켜 만들어야 한다. 그런데 만일 to를 붙이지 않고 동사(sing)를 목적어 자리에 놓아 보자. 어떻게 될까?

I like/ sing.   나는 좋아한다/ 노래하다를

sing앞에 to가 없으면 sing은 '노래하다'라는 동사이므로 '나는 노래하다를 좋아한다.'가 된다. 이것은 말이 되질 않는다. 그러므로 동사 sing 앞에 to를 붙여서 '노래하는 것'이라는 명사로 만들어 주어야만 한다.

I like/ to sing.   나는 좋아한다/ 노래하는 것을

🔷 부정사는 동사의 변형이므로 동사의 성질을 가지고 있다. 그러므로, 부정사 뒤에 목적어 나 부사(구)를 취할 수 있다.

ex.   He started to study.   공부하기
      He started to study / English.   영어를 공부하기 (공부하기/영어를)
                        부정사의 목적어

      He started to study / in America.   미국에서 공부하기 (공부하기/미국에서)
                        부정사의 부사구

A 기초 TEST

밑줄 친 부분을 우리말로 바꾸고 문장 내의 역할을 골라 보자.

1 I love to ski in winter. (주어, 목적어, 보어)

나는 겨울에 *스키타는 것을(스키타기를)* 무척 좋아한다.

2 Mom hates to eat out. (주어, 목적어, 보어)

엄마는 _____ 무척 싫어한다.

3 To see is to believe. (주어, 목적어, 보어)

_____ 이 믿는 것이다.

4 I hope to be a famous rock singer. (주어, 목적어, 보어)

나는 유명한 록가수가 _____ 희망한다.

5 My dream is to be a scientist. (주어, 목적어, 보어)

나의 꿈은 과학자가 _____ 이다.

6 He began to run to the building. (주어, 목적어, 보어)

그는 그 건물로 _____ 시작했다.

7 My parents promised to visit me. (주어, 목적어, 보어)

나의 부모님은 나를 _____ 을 약속했다.

8 To drink water is good for health. (주어, 목적어, 보어)

물을 _____ 은 건강에 좋다.

9 Her hobby is to make teddy bears. (주어, 목적어, 보어)

그녀의 취미는 테디 베어를 _____ 이다.

10 To read a lot of books is important. (주어, 목적어, 보어)

많은 책을 _____ 은 중요하다.

---

love 사랑하다/무척 좋아하다   hate 미워하다/무척 싫어하다   be 이다/있다/되다   eat out 외식하다
believe 믿다   begin-began-begun   promise 약속하다   be good for …에 좋다

다음 중 알맞은 것을 골라 보자.

1 study   (공부하기/공부하는 것, 공부하다, 공부했다)

    studied   (공부하기/공부하는 것, 공부하다, 공부했다)

    to study   (공부하기/공부하는 것, 공부하다, 공부했다)

2 to read   (읽었다, 읽기/읽는 것, 읽을 것이다)

    will read   (읽었다, 읽기/읽는 것, 읽을 것이다)

    read   (읽었다, 읽기/읽는 것, 읽을 것이다)

3 wrote   (썼다, 쓸 것이다, 쓰기/쓰는 것)

    to write   (썼다, 쓸 것이다, 쓰기/쓰는 것)

    will write   (썼다, 쓸 것이다, 쓰기/쓰는 것)

다음 중 알맞은 것을 골라 보자.

1 놀기/노는 것   (play, to play, played)

    놀다   (play, to play, played)

    놀았다   (play, to play, played)

2 만들 것이다   (make, will make, to make)

    만들기/만드는 것   (make, will make, to make)

    만들다   (make, will make, to make)

3 가르칠 것이다   (will teach, taught, to teach)

    가르치기/가르치는 것   (will teach, taught, to teach)

    가르쳤다   (will teach, taught, to teach)

다음 우리말을 영어로 바꿔 보자.

1 칠하는 것   *to paint*

2 가르칠 것이다

3 노래하다

4 춤추기

5 돕는 것

6 말하기

7 일했다

8 연주했다

9 배우기

10 걷는다

11 먹을 것이다

12 만나는 것

13 요리하기

14 (구멍을) 파는 것

15 마시는 것

16 (잠을) 자기

17 울었다

18 앉다

19 운전하는 것

20 도착할 것이다

play (악기를) 연주하다   dig (구멍 등을) 파다   arrive 도착하다

우리말에서 부정사에 ○표 하고 주어진 단어를 이용하여 영어로 옮겨 보자.

1 그 화가는 정물화를 그리기를 좋아한다. (like, draw)

The painter   *likes*   *to draw*   a still-life painting.

2 아빠는 밥을 짓기 시작하셨다. (cook, begin)

Dad   rice.

3 나의 아들은 샤워하기를 무척 싫어한다. (take, hate)

My son   a shower.

4 많은 젊은이들이 연예인이 되기를 희망한다. (be, hope)

Many young people   a celebrity.

5 우리는 여기를 떠나기로 결정했다. (leave, decide)

We   here.

6 그 경찰관은 그 도둑을 체포할 것을 원한다. (arrest, want)

The police officer   the thief.

7 너는 체중을 늘리는 것이 필요하다. (need, gain)

You   weight.

8 그녀는 그녀의 남편에게 잔소리하기를 계속했다. (nag, continue)

She   her husband.

9 Jim은 빈 자리를 발견하기를 기대했다. (expect, find)

Jim   an empty seat.

10 나의 엄마는 나에게 나의 숙제를 할 것을 요구했다. (do, ask)

My mom   me   my assignment.

---

still-life painting 정물화   celebrity 연예인   arrest 체포하다   gain weight 체중이 늘다
continue 계속하다   nag 잔소리하다   seat 좌석   assignment 숙제

C 기본 TEST

다음 주어진 단어를 이용하여 영어로 옮겨 보자.

1 그 벌레가 움직이기 시작했다. (begin)

The bug _began to move_ .

2 나는 나의 생일에 많은 선물들을 받았다. (get)

I _____ a lot of presents on my birthday.

3 그는 하루에 책 한 권을 끝냈다. (finish)

He _____ a book a day.

4 Ann은 그 게임을 이기기를 기대했다. (expect)

Ann _____ the game.

5 그 꽃들은 천천히 시들기 시작했다. (start)

The flowers _____ slowly.

6 아빠는 주말마다 골프 치는 것을 무척 좋아한다. (love)

Dad _____ golf every weekend.

7 나는 Jane과 잡담하고 있다. (chat)

I _____ with Jane.

8 우리는 세계 여행하기를 계획했다. (plan)

We _____ all around the world.

9 그들은 그의 의견을 따르기로 결정했다. (follow)

They _____ his opinion.

10 엄마는 약간의 과자를 만들어주기로 약속했다. (promise)

Mom _____ some cookies.

wither 시들다   play golf 골프를 치다   chat with ~와 잡담하다   travel 여행하다   follow 따르다   opinion 의견

기본 TEST

정답 및 해설 **p.5**

우리말을 영어로 옮겨 보자.

1 먹는 것   *to eat*   빨리 / 먹는 것   *to eat*   *fast*

2 타기   자전거/ 타기

3 가는 것   학교에/ 가는 것

4 되는 것   날씬해지는 것
                (날씬하게 / 되는 것)

5 공부하기   열심히/ 공부하기

6 되기   변호사가/ 되기

7 일어나기   일찍/ 일어나기

8 만드는 것   인형을/ 만드는 것

9 사는 것   머리 밴드/ 사는 것

10 결혼하기   Maria와 / 결혼하기

---

ride (자전거, 말)를 타다   **slim** 날씬한   **lawyer** 변호사   **hairband** 머리 밴드   **marry** ~와 결혼하다

A 실력 TEST

부정사구에 O표 하고, 부정사와 부정사의 수식어구를 /로 나누고 주어진 단어를 알맞게 나열해 보자.

1 I didn't _expect_ _to find / the same thing_ . (the same thing, to, expect, find)
나는 (같은 것을 / 찾으리라고) 기대하지 않았다.

2 Mike _____ _____ / _____ . (in Switzerland, wishes, to, live)
Mike는 스위스에서 살기를 바란다.

3 My hobby _____ _____ / _____ . (read, comic books, is, to)
나의 취미는 만화책을 읽는 것이다.

4 The actress _____ / _____ . (wear, needs, to, a sunglasses)
그 여배우는 선글라스를 쓰는 것이 필요하다.

5 We _____ / _____ with Tom. (to, time, spend, like)
우리는 Tom과 함께 시간을 보내기를 좋아한다.

6 My soup _____ / _____ . (gradually, to, began, cool)
나의 수프는 점차적으로 식기 시작했다.

7 Did you _____ mom _____ / _____ ? (her car, to, ask, use)
너는 엄마의 차를 쓰고 싶다고 엄마에게 부탁 드렸니?

8 She _____ / _____ . (to, on a diet, go, decided)
그녀는 다이어트하기로 결심했다.

9 My dog _____ / _____ . (hates, a medicine, take, to)
나의 개는 약을 먹는 것을 무척 싫어한다.

10 He _____ / _____ . (a real artist, to, hoped, be)
그는 진정한 예술가가 되기를 희망했다.

Switzerland 스위스   spend time 시간을 보내다   gradually 점차적으로   cool 식다
go on a diet 다이어트하다   take a medicine 약을 먹다

실력 TEST

정답 및 해설 p.5, 6

부정사구에 O표 하고, 부정사와 부정사의 수식어구를 /로 나눈 후 주어진 단어를 이용하여 문장을 완성해 보자.

1 I *like* *to play* / *computer games* . (play, like)
나는 (컴퓨터 게임 / 하기를) 좋아한다.

2 Hannah _____ / _____ . (continue, pray)
Hannah는 하나님께 기도하기를 계속했다.

3 He _____ / _____ . (exercise, try)
그는 규칙적으로 운동하려고 노력한다.

4 They _____ / _____ . (decide, take)
그들은 고속버스를 타기로 결정했다.

5 Jane _____ / _____ . (change, wish)
Jane은 그녀의 낡은 차를 바꾸기를 바란다.

6 His plan _____ / _____ in New York. (be, open)
그의 계획은 뉴욕에 그의 식당을 여는 것이다.

7 Mary's job _____ / _____ . (take care of, be)
Mary의 직업은 환자를 돌보는 것이다.

8 People _____ / _____ . (know, want)
사람들은 진실을 알기를 원한다.

9 He _____ / _____ from Ann. (expect, hear)
그는 Ann으로부터 답변을 듣기를 기대했다.

10 My hope _____ / _____ . (write, be)
나의 희망은 좋은 소설을 쓰는 것이다.

---

pray 기도하다 **regularly** 규칙적으로 **express bus** 고속버스 **patient** 환자 **truth** 진실
hear back 답변을 듣다 **novel** 소설

UNIT 2 형용사적 용법

부정사가 문장에서 형용사로 사용되는 경우를 말하며, 주로 명사를 꾸며주어 명사를 구체적으로 설명하는데 사용된다.

🔹 우리말로는 '~할'에 해당한다.

보통 형용사는 명사 앞에서 명사를 꾸며 주지만, 부정사의 형용사적 용법에서 부정사는 명사 뒤에서 수식한다. 다시 말하면, 우리말과 영어의 어순이 바뀌게 된다.

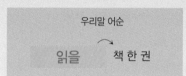
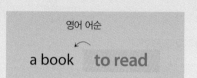

🔹 형용사적 용법의 to부정사 앞에 있는 명사가 전치사의 목적어가 되는 경우 to 부정사 다음에 전치사를 써 주어야 한다.

ex. She sat **on** a chair. 그녀는 의자에 앉았다.
　　　　　전치사　전치사의 목적어

Here is a chair to sit **on**. 여기 앉을 의자가 있다.

> **Tip!** 형용사적인 용법에서 부정사의 전치사 필요유무는 다음과 같이 생각하면 된다.
> 집을 산다 buy a house → 집을 사는 것 to buy a house → 살 집 a house to buy
> 집에 산다 live in a house → 집에 사는 것 to live in a house → 살 집 a house to live in

자주 쓰이는 전치사가 붙는 형용사적 용법의 부정사 (예시)

on, in, at	with
to play on	to cut with
to sit on	to live with
to live in	to talk with
to study at ...	to write with ...
to	**about**
to talk to ...	to talk about ...

다음 영어를 우리말로 바꿔 보자.

1 a wall to paint   칠할 벽

2 a river to cross

3 water to drink

4 a room to rent

5 a scarf to wash

다음 우리말을 영어로 바꿔 보자.

1 입을 드레스   *a dress*   *to wear*

2 배울 과목들

3 즐길 음악

4 불 붙일 초

5 읽을 책

---

cross 건너가다　**rent** 임대하다　**scarf** 스카프　**wash** 세탁하다, 씻다　**enjoy** 즐기다　**candle** 초
light 불 붙이다

B 기초 TEST

다음 중 알맞은 것을 골라 보자.

1 해야 할 일 (to do things, do things, ⬭things to do⬭)

일을 하다 (to do things, ⬭do things⬭, things to do)

일을 하는 것 (⬭to do things⬭, do things, things to do)

2 전화할 친척 (relatives to call, to call relatives, call relatives)

친척에게 전화하다 (relatives to call, to call relatives, call relatives)

친척에게 전화하기 (relatives to call, to call relatives, call relatives)

3 회의에 참석하다 (attend the meeting, the meeting to attend, to attend the meeting)

회의에 참석하기 (attend the meeting, the meeting to attend, to attend the meeting)

참석할 회의 (attend the meeting, the meeting to attend, to attend the meeting)

다음 중 알맞은 것을 골라 보자.

1 some meat to grill (약간의 고기를 굽다, 약간의 고기 굽기, 구울 약간의 고기)

grill some meat (약간의 고기를 굽다, 약간의 고기 굽기, 구울 약간의 고기)

to grill some meat (약간의 고기를 굽다, 약간의 고기 굽기, 구울 약간의 고기)

2 fry an egg (계란 후라이하기, 후라이할 계란, 계란을 후라이하다)

to fry an egg (계란 후라이하기, 후라이할 계란, 계란을 후라이하다)

an egg to fry (계란 후라이하기, 후라이할 계란, 계란을 후라이하다)

3 a crocodile to capture (잡을 악어, 악어를 잡다, 악어잡기)

to capture a crocodile (잡을 악어, 악어를 잡다, 악어잡기)

capture a crocodile (잡을 악어, 악어를 잡다, 악어잡기)

---

relatives 친척   **attend** 참석하다   **grill** (석쇠에)굽다   **fry** 튀기다   **capture** 잡다, 포획하다

C 기초 TEST

다음 주어진 단어를 이용하여 우리말에 알맞게 빈칸을 채워 보자.

1 재활용할 종이 (recycle, paper)

paper　　　　　　　　　*to recycle*

종이 재활용하기

종이를 재활용하다

2 많은 과일 따기 (pick, a lot of fruit)

많은 과일을 따다

따야할 많은 과일

3 그 구두를 닦다 (polish, the shoes)

닦을 그 구두

그 구두를 닦는 것

4 수리해야 할 현관문 (repair, the front door)

현관문 수리하기

현관문을 수리하다

recycle 재활용하다　　**pick** 따다　　**polish** (윤이 나게) 닦다　　**repair** 수리하다

A 기본 TEST

1 My brother has _some homework_ _to do_ . (do)

나의 남동생은 해야 할 / 약간의 숙제가 있다.

2 I want _____ in Paris.(meet)

나는 파리에서 나의 부모님을 만나기를 원한다.

3 Jane has no _____ the coat with. (buy)

Jane은 그 코트를 살 돈이 없다.

4 Her plan is _____ to the party. (invite)

그녀의 계획은 파티에 그녀의 친구들을 초대하는 것이다.

5 She has _____ today. (check)

그녀는 오늘 점검해야 할 이메일이 있다.

6 The most important thing is _____ now. (get)

지금 가장 중요한 것은 물을 구하는 것이다.

7 He doesn't have _____ this package. (deliver)

그는 이 소포를 배달할 시간이 없다.

8 They looked at _____ into the market. (carry)

그들은 시장으로 옮길 수박들을 바라보았다.

9 There are _____ you in this book. (show)

이 책에는 너에게 보여줄 많은 사진들이 있다.

10 My hobby is _____ . (do)

나의 취미는 줄넘기 하는 것이다.

---

deliver 배달하다　　package 소포　　watermelon 수박　　photo 사진　　show 보여주다
do jump rope 줄넘기하다

기본 TEST

정답 및 해설 **p.6**

빈칸에 해당하는 우리말에 ○표 하고, / 표시한 후 주어진 단어를 이용하여 문장을 완성해 보자.

1 She has *a friend* *to meet* . (meet)

그녀는 (만나야 할 / 친구가) 있다.

2 Jimmy wrote . (purchase)

Jimmy는 구입해야 할 품목들을 적었다.

3 I have me. (help)

나는 나를 도와줄 사람이 있다.

4 He got on for Busan. (leave)

그는 부산으로 떠나는 마지막 버스를 탔다.

5 We are looking for Bill home. (take)

우리는 Bill을 집에 데려다 줄 누군가를 찾고 있다.

6 Dad didn't forget . (depart)

아빠는 출발할 날짜를 잊지 않았다.

7 There is today. (discuss)

오늘 의논 할 아무것도 없다.

8 They want in the war. (fight)

그들은 그 전쟁에서 싸울 전사들을 원한다.

9 I found with the mattress cover. (go)

나는 침대커버와 어울릴 담요를 찾았다.

10 Nobody has it. (endure)

아무도 그것을 견뎌낼 의지를 가지고 있지 않다.

---

item 품목, 항목   purchase 구입하다   person 사람   someone 누군가   take A to B A를 B로 데려다주다
depart 출발하다   nothing 아무것도~아니다   discuss 의논하다   warrior 전사   blanket 담요
go with ~와 어울리다   willingness 의지   endure 견디다

기본 TEST

다음 주어진 두 문장을 비교하면서 알맞은 전치사를 보기에서 골라 문장을 완성해 보자.

| 보기 |

in   to   on   with   of   at

1 I wrote a letter _with_ a pen. 나는 펜으로 편지를 썼다.

I have a pen _to write_ _with_. 나는 쓸 펜을 가지고 있다.

2 He talked _____ my friend. 그는 나의 친구에게 말했다.

He has a friend _____. 그는 말할 친구를 가지고 있다.

3 She sat _____ a chair. 그녀는 의자에 앉았다.

She has a chair _____. 그녀는 앉을 의자를 가지고 있다.

4 I took a walk _____ a dog. 나는 개와 함께 산책했다.

I need a dog _____. 나는 함께 산책할 개가 필요하다.

5 I study _____ my room. 나는 나의 방에서 공부한다.

I need my room _____. 나는 공부할 나의 방이 필요하다.

6 We skate _____ the ice. 우리는 빙판 위에서 스케이트를 탄다.

Here is the ice _____. 여기에 스케이트를 탈 빙판이 있다.

---

skate 스케이트를 타다

다음 중 알맞은 전치사를 골라 보자.

1 I found the shade to rest (in, by, on).

나는 쉴 그늘을 발견했다.

2 Tom thought of the college to go (at, to, with).

Tom은 가야할 대학교에 대해 생각했다.

3 There is nothing to play (at, by, with).

가지고 놀 아무것도 없다.

4 Did you buy a knife to cut (with, at, to)?

너는 자를 칼을 샀니?

5 She got a paper to write (by, to, on).

그녀는 쓸 종이를 구했다.

6 Tom found a friend to eat (with, on, about).

Tom은 함께 먹을 친구를 찾았다.

7 They wanted a place to dance (with, by, at).

그들은 춤을 출 장소를 원했다.

8 The school has a playground to play (on, to, by).

그 학교는 놀 운동장이 있다.

9 I carried a desk to study (at, in, by) just now.

나는 방금 전에 공부할 책상을 날라왔다.

10 Bill fixed a seat to sit (to, on, at).

Bill이 앉을 좌석을 정했다.

shade 그늘   place 장소

A 실력 TEST

빈칸 안에 알맞은 부정사와 전치사를 써 넣어 보자. (전치사가 필요 없는 곳은 ×표 할 것)

1 I am looking for   some paper   *to sign*   *on* .

나는 서명할 몇 장의 서류를 찾고 있다

2 Kate knows   the music .

Kate는 연주할 음악을 알고 있다

3 The pilot pointed to   the airport .

조종사는 착륙할 공항을 가리켰다.

4 Does it have   wings ?

그것은 날 수 있는 날개들을 가지고 있니?

5 She has   no reason   him.

그녀는 그를 만나야할 이유가 없다.

6 This building has   the gym .

이 건물은 연습할 체육관이 있다.

7 We chose   the best hotel .

우리는 머물 최고의 호텔을 골랐다.

8 Our teacher decided   the topic .

우리 선생님은 이야기할 주제를 결정했다.

9 Mom took   a boy .

엄마는 함께 살 소년을 데려왔다.

10 Tom had   some work .

Tom은 끝내야할 약간의 일이 있었다.

---

land on ~에 착륙하다   **point** 가르키다   **wing** 날개   **reason** 이유   **practice** 연습하다   **topic** 주제/화제

우리말에 알맞게 문장을 완성해 보자. (전치사가 필요 없는 곳은 ×표 할 것)

1 I missed *the train* *to take* × this morning.

나는 오늘 아침 타야할 기차를 놓쳤다.

2 He needed _____.

그는 먹을 숟가락이 필요했다.

3 It's _____ good - bye.

작별 인사를 할 시간이다.

4 They decided _____.

그들은 공부할 학교를 결정했다.

5 Sumi took _____ in English.

Sumi는 영어로 말할 기회를 잡았다.

6 The bear found _____.

그 곰은 잠을 잘 동굴을 발견했다.

7 The doctor has _____.

그 의사는 치료할 많은 환자가 있다.

8 He decided _____.

그는 채용할 사람을 정했다.

9 This is _____ English.

이것이 영어를 배우는 가장 좋은 방법이다.

10 We found _____.

우리는 앉을 벤치를 발견했다.

---

say good-bye 작별 인사를 하다   **chance** 기회   **cave** 동굴   **patient** 환자   **treat** 치료하다
person 사람   **hire** 고용하다, 채용하다

UNIT 3

부사적 용법

부사(구)는 완전한 문장에 추가적으로 좀 더 자세한 정보를 알려주기 위해 붙는 말이므로 부정사의 부사적 용법도 이와 같이 완전한 기본 문장에 덧붙여 추가 정보를 제공하는 역할을 한다고 생각하면 간단하다. 부사적 용법에는 목적, 원인, 결과, 형용사 수식, 판단 등이 있다.

🔹 목적 : ~하기 위해서 (~하러)

ex. I entered the room + to take a rest . 나는 휴식을 취하기 위하여 방에 들어갔다.
나는 방에 들어갔다　　　　　　휴식을 취하기 위하여

🔹 원인(이유) : ~하기 때문에 (~해서)

ex. She was sad + to hear the news . 그녀는 그 소식을 들어서 슬펐다.
그녀는 슬펐다　　　　　그 소식을 들었기 때문에

이 경우 형용사들은 사람의 감정이나 태도를 나타내며 glad, happy, sad, sorry, pleased, shocked, lucky, surprised, excited... 등이 있다.

🔹 결과 : ~해서 (그리고/그러나) ~하다

ex. She grew up + to be a violinist . 그녀는 자라서 (그리고) 바이올리니스트가 되었다.
그녀는 자랐다　　　　(그리고) 바이올리니스트가 되었다.

He studied hard + only to fail . 그는 열심히 공부했으나 (그러나) 실패했다.
그는 열심히 공부했다.　　　(그러나) 실패했다.

*only는 '단지, 오직'이라는 뜻이 있지만 only to~로 쓰이면 '그러나 ~하다, 그 결과는 ~뿐' 이라는 뜻을 가진다.

🔹 형용사 수식 : ~하기가

ex. This book is difficult + to understand . 이 책은 이해하기가 어렵다.
이 책은 어렵다　　　　　　이해하기가

🔹 판단 : ~하는 것을 보니 (~하다니)

ex. He is foolish + to do so . 그렇게 하다니 그는 어리석다.
그는 어리석다　　　그렇게 하다니

A 기초 TEST

정답 및 해설 p.7

다음 부사적 용법의 우리말 쓰임을 골라 보자.

1 | Jenny ran to the living room | to pick up the phone. |

전화를 (받기 위해서 , 받아서, 받기가)

2 | She was pleased | to pass the test. |

그 시험에 (합격하기 위해서, 합격했기 때문에, 합격하는 것을 보니)

3 | I ran fast | only to miss the bus. |

그 버스를 (놓치기 위해서, 그리고 놓쳤다, 그러나 놓쳤다)

4 | We are looking for a restaurant | to eat lunch. |

점심을 (먹기 위하여, 먹었기 때문에, 먹기가)

5 | She doesn't eat any more | to lose weight. |

체중을 (빼기 위해서, 뺏기 때문에, 빼기가)

6 | She was happy | to see him again. |

그를 다시 (만나기 위해서, 만났기 때문에, 만나기가)

7 | We went to the bakery | to buy some bread. |

약간의 빵을 (사기 위해서, 샀기 때문에, 사는 것을 보니)

8 | She was surprised | to hear his voice. |

그의 목소리를 (듣기 위해서, 듣기가, 들어서)

9 | Peter is careless | to do such a thing. |

그런 일을 (하기 위해서, 했기 때문에, 하는 것을 보니)

10 | His poems are sometimes difficult | to understand. |

(이해하기 위해서, 이해했기 때문에, 이해하기가)

---

lose 잃다   weight 체중, 무게   bakery 빵집   surprised 놀란   voice 목소리   careless 부주의한
poem 시

다음 부정사의 우리말 쓰임을 ( ) 안에서 골라 보자.

1 | She felt relived | | to get on the train. |

(∼하기 위해서, ∼하기 때문에, 그리고 ∼하다, ∼하기가, ∼하는 것을 보니)

2 | He came here | | to meet his friends. |

(∼하기 위해서, ∼하기 때문에, 그리고 ∼하다, ∼하기가, ∼하는 것을 보니)

3 | Mr. Brown lived | | to be 80 years old. |

(∼하기 위해서, ∼하기 때문에, 그리고 ∼하다, ∼하기가, ∼하는 것을 보니)

4 | I'm sorry | | to miss your call. |

(∼하기 위해서, ∼하기 때문에, 그리고 ∼하다, ∼하기가, ∼하는 것을 보니)

5 | The monkey is easy | | to tame. |

(∼하기 위해서, ∼하기 때문에, 그리고 ∼하다, ∼하기가, ∼하는 것을 보니)

6 | I am glad | | to work with you again. |

(∼하기 위해서, ∼하기 때문에, 그리고 ∼하다, ∼하기가, ∼하는 것을 보니)

7 | She studies hard | | to be a lawyer. |

(∼하기 위해서, ∼하기 때문에, 그리고 ∼하다, ∼하기가, ∼하는 것을 보니)

8 | This coffee is hot | | to drink. |

(∼하기 위해서, ∼하기 때문에, 그러나 ∼하다, ∼하기가, ∼하는 것을 보니)

9 | The boy cried loud | | only to get his mom upset. |

(∼하기 위해서, ∼하기 때문에, 그러나 ∼하다, ∼하기가, ∼하는 것을 보니)

10 | Mark is thoughtless | | to say so. |

(∼하기 위해서, ∼하기 때문에, 그리고 ∼하다, ∼하기가, ∼하는 것을 보니)

---

relieve 안도하게 하다   tame 길들이다   lawyer 변호사   thoughtless 무분별한

C 기초 TEST

정답 및 해설 **p.7**

기본 문장과 부정사구를 ○표로 나누고 그 용법을 보기에서 골라 보자.

> | 보기 |
> a. 목적   b. 원인   c. 결과   d. 형용사 수식   e. 판단

1 [She left for America] [to learn English.]   *a*

2 This program is simple to use.

3 Tom must be smart to do that.

4 She is excited to see a celebrity.

5 Ann ran fast only to be late for school.

6 He went to the market to buy some snack.

7 A pet isn't easy to keep in an apartment.

8 We are happy to finish the mission perfectly.

9 Her question was a little hard to answer at once.

10 Bill went to your house in the rain, only to find you out.

---

simple 간단한   **must be** ~임에 틀림없다   **keep** 기르다   **a little** 약간, 조금   **at once** 당장에
mission 임무   **perfectly** 완벽하게   **find somebody out** ~이 (외출하고) 없다는 것을 알아내다

우리말에서 부정사구에 ○표와 /표시를 하고, 주어진 단어를 이용하여 문장을 완성해 보자.

1 나의 여자 조카는 무지개를 / 그리기 위해서 크레용을 사용했다.

My niece used crayons + *to draw* / *a rainbow* .

(a rainbow, draw, to)

2 그는 2시간 넘게 그녀를 기다려서 속상했다.

He was unhappy +   /   for over two hours.

(her, wait for, to)

3 Jane은 선생님의 질문에 대답하기 위해서 손을 들었다.

Jane raised her hand +   /   .

(to, the teacher's question, answer)

4 나의 개는 우체부를 보고서 반가워한다.

My dog is glad +   /   .

(see, to, a mailman)

5 Tom은 깨어서 의자 위에 앉아있는 고양이를 보았다.

Tom awoke +   /   sitting on the chair.

(see, to, a cat)

6 이 소파는 둘이 앉기에 편안하다.

This sofa is comfortable +   /   .

(sit, on, to, for two)

7 Jack은 재킷을 고르기 위해서 그의 옷장을 열었다.

Jack opened his closet +   /   .

(choose, to, a jacket)

8 Linda는 한밤중에 Bill로부터 전화를 받아서 놀랐다.

Linda was surprised +   /   from Bill at midnight.

(receive, to, a call)

---

over ~이상   awake (잠에서) 깨다   comfortable 편안한   closet 벽장, 옷장   receive 받다   midnight 한밤중

우리말에서 부정사구에 ○표와 /표시를 하고, 아래와 같이 주어진 단어를 이용하여 문장을 완성해 보자.

1 Daniel은 돌멩이에 걸려 넘어져서 그의 발목을 / 삐었다. (twist)

Daniel tripped on a stone + *to twist* / *his ankle* .

2 Tom은 잔디에 물을 주기 위해서 호스를 사용했다. (water)

Tom used a hose + / .

3 엄마는 나의 성적표를 보고 충격 받았다. (see)

Mom was shocked + / .

4 그녀가 그를 사랑하는것을 보니 어리석다. (love)

She is stupid + / .

5 그 연주회 표는 구하기가 어려웠다. (get)

The concert ticket was hard + / .

6 Frank는 시간을 말해 주기 위해서 그의 시계를 보았다. (tell)

Frank looked at his watch + / .

7 Adam은 계란 하나를 꺼내기 위해서 냉장고를 열었다. (get)

Adam opened the refrigerator + / .

8 그 영화배우는 만나기가 쉽지 않다. (meet)

The movie star is not easy + / .

---

trip 걸려 넘어지다   **twist** 비틀다   **ankle** 발목   **water** 물/물을 주다   **lawn** 잔디   **report card** 성적표   **stupid** 어리석은

부정사구를 ○표 하고 우리말에 알맞게 문장을 완성해 보자.

1 Mom woke up early   *to take advantage of early bird sale*   .

엄마는 일찍 오는 고객을 위한 세일을 이용하기 위해서 일찍 일어났다.

2 _____ only to find that it was closed.

그는 꽃가게로 뛰어갔으나 닫혀 있었다.

3 The paper ship is not easy _____ .

그 종이배는 만들기가 쉽지 않다.

4 _____ to hear of his death.

Sally는 그의 죽음에 대해 듣고 충격을 받았다.

5 She went to the library _____ .

그녀는 책을 반납하기 위해서 도서관에 갔다.

6 He is lucky _____ .

그는 복권에 당첨되서 운이 좋다. (그는 운이 좋게도 복권에 당첨되었다)

7 Jane entered the store _____ .

Jane은 환불을 받기위해 가게로 들어갔다.

8 I bought some kinds of vegetables and fruits _____ .

나는 샐러드를 만들기 위해 몇 가지 종류의 야채와 과일을 샀다.

9 This is difficult _____ .

이것은 너에게 설명하기가 어렵다.

10 _____ to order spaghetti and pizza.

Jenny는 스파게티와 피자를 시키기 위해 메뉴를 보았다.

---

early bird sale 일찍 오는 고객을 위한 세일   advantage 장점   take advantage of ~을 이용하다
return 반납하다   win a lottery 복권에 당첨되다   get a refund 환불받다   explain 설명하다   order 주문하다

부정사구를 ○표 하고 우리말에 알맞게 문장을 완성해 보자.

1 이 바나나는 먹기에 신선하지 않다.

→ *This bananas isn't fresh* + to eat.

2 나는 그가 살아 있는 것을 발견하고 기뻤다.

→ + to find him alive.

3 그녀는 그 단어를 찾아보기 위해 사전을 빌렸다.

→ She borrowed a dictionary + .

4 Jack은 살아서 90살이 되었다.

→ + to be 90 years old.

5 그는 그의 여자 친구와 헤어져서 우울하다.

→ He is depressed + .

6 아빠는 차를 고치기 위해 정비소로 갔다.

→ Dad went to the body shop + .

7 Tom은 사진을 찍기 위해 디지털 카메라를 샀다.

→ Tom bought a digital camera + .

8 나의 딸은 뱀을 보고서 놀랐다.

→ My daughter was surprised + .

9 우리는 서둘렀지만 결국 지하철을 놓쳤을 뿐이다.

→ We hurried up + .

10 그의 핸드폰 번호는 외우기가 쉽다.

→ His cell-phone number is easy +

---

pleased 기쁜   alive 살아있는   look up ~을 찾아보다   depressed 우울한   break up with ~와 헤어지다
get a car fixed 차를 고치다   body shop 정비소   snake 뱀   miss 놓치다   memorize 외우다

A 실력 TEST

부정사의 용법을 골라 보자.

1 Every woman wants to be beautiful.　　(명사적, 형용사적, 부사적) 용법

2 To make money is not easy.　　(명사적, 형용사적, 부사적) 용법

3 It's time to go to school.　　(명사적, 형용사적, 부사적) 용법

4 A lot of girls are waiting to see Psy.　　(명사적, 형용사적, 부사적) 용법

5 She swims everyday to stay healthy.　　(명사적, 형용사적, 부사적) 용법

6 We don't have any chance to talk with her.　　(명사적, 형용사적, 부사적) 용법

7 What do you want to buy?　　(명사적, 형용사적, 부사적) 용법

8 She is surprised to read his report.　　(명사적, 형용사적, 부사적) 용법

9 There are some good places to visit in Seoul.　　(명사적, 형용사적, 부사적) 용법

10 I'm so lucky to have a good friend like you.　　(명사적, 형용사적, 부사적) 용법

11 He hates to face Susan.　　(명사적, 형용사적, 부사적) 용법

12 They came back here to find gold.　　(명사적, 형용사적, 부사적) 용법

13 To send a text message is simple.　　(명사적, 형용사적, 부사적) 용법

14 Tom was amazed to discover it.　　(명사적, 형용사적, 부사적) 용법

15 My dream is to make a rocket.　　(명사적, 형용사적, 부사적) 용법

---

stay healthy 건강을 유지하다　　**like** ~와 같은　　**face** 대면하다　　**text message** 문자메시지　　**discover** 발견하다

부정사의 용법을 골라 보자.

1 He planned <u>to jog</u> every morning. (명사적), 형용사적, 부사적) 용법

2 My brother grew up <u>to be</u> an engineer. (명사적, 형용사적, 부사적) 용법

3 I love <u>to play</u> tennis every weekend. (명사적, 형용사적, 부사적) 용법

4 She didn't have dinner <u>to lose</u> weight. (명사적, 형용사적, 부사적) 용법

5 People need somebody <u>to love</u>. (명사적, 형용사적, 부사적) 용법

6 Most medicines are bitter <u>to take</u>. (명사적, 형용사적, 부사적) 용법

7 <u>To visit</u> a museum is interesting. (명사적, 형용사적, 부사적) 용법

8 They are shocked <u>to see</u> a big man. (명사적, 형용사적, 부사적) 용법

9 There is nothing <u>to eat</u> in the house. (명사적, 형용사적, 부사적) 용법

10 Dad worked day and night <u>to succeed</u>. (명사적, 형용사적, 부사적) 용법

11 We decided <u>to close</u> the shop. (명사적, 형용사적, 부사적) 용법

12 The homeless hurried up <u>to get</u> some food. (명사적, 형용사적, 부사적) 용법

13 My parents were happy <u>to be</u> Catholic. (명사적, 형용사적, 부사적) 용법

14 Rain began <u>to fall</u>. (명사적, 형용사적, 부사적) 용법

15 Jim bought 100 roses <u>to ask</u> her out. (명사적, 형용사적, 부사적) 용법

the homeless 노숙자   ask out ~에게 데이트를 신청하다   day and night 밤낮으로   catholic 천주교 신자

부정사의 용법을 골라 보자.

1 He turned on the computer <u>to check</u> e-mails.   (명사적, 형용사적, 부사적) 용법

2 She started <u>to open</u> her present.   (명사적, 형용사적, 부사적) 용법

3 He was unhappy <u>to fail</u> the exam.   (명사적, 형용사적, 부사적) 용법

4 We needed enough time <u>to rest</u>.   (명사적, 형용사적, 부사적) 용법

5 I expect <u>to hear</u> good news from her.   (명사적, 형용사적, 부사적) 용법

6 <u>To make</u> a good friend is not easy.   (명사적, 형용사적, 부사적) 용법

7 It's time <u>to take</u> medicine.   (명사적, 형용사적, 부사적) 용법

8 I bought an oven <u>to bake</u> bread and cookies.   (명사적, 형용사적, 부사적) 용법

9 They practice everyday <u>to win</u> the soccer game.   (명사적, 형용사적, 부사적) 용법

10 Bill asked me <u>to join</u> him.   (명사적, 형용사적, 부사적) 용법

11 She brought the bill <u>to pay</u>.   (명사적, 형용사적, 부사적) 용법

12 She is surprised <u>to receive</u> the result.   (명사적, 형용사적, 부사적) 용법

13 He is looking for the bathroom <u>to wash</u> his hands.   (명사적, 형용사적, 부사적) 용법

14 My father needs someone <u>to live</u> with.   (명사적, 형용사적, 부사적) 용법

15 They hope <u>to become</u> K-pop stars.   (명사적, 형용사적, 부사적) 용법

---

check 점검하다   turn on 켜다   join 가입하다, 합류하다   receive 받다   result 결과

부정사의 용법을 골라 보자.

1 Jane opened the front door <u>to call</u> out her son.　　(명사적, 형용사적, (부사적)) 용법

2 Her plan is <u>to go</u> to the amusement park.　　(명사적, 형용사적, 부사적) 용법

3 We carried water <u>to put off</u> the fire with.　　(명사적, 형용사적, 부사적) 용법

4 Mom wanted <u>to get</u> a ticket for the concert.　　(명사적, 형용사적, 부사적) 용법

5 Tom was amazed <u>to watch</u> her dance.　　(명사적, 형용사적, 부사적) 용법

6 When do you start <u>to work</u>?　　(명사적, 형용사적, 부사적) 용법

7 He went home <u>to get</u> some sleep.　　(명사적, 형용사적, 부사적) 용법

8 The man asked a fork <u>to eat</u> with.　　(명사적, 형용사적, 부사적) 용법

9 I don't like <u>to watch</u> horror movies.　　(명사적, 형용사적, 부사적) 용법

10 Can you bring me a magazine <u>to read</u>?　　(명사적, 형용사적, 부사적) 용법

11 A dog isn't easy <u>to keep</u> with a cat.　　(명사적, 형용사적, 부사적) 용법

12 My sister's wish is <u>to travel</u> around the world.　　(명사적, 형용사적, 부사적) 용법

13 He opened the window <u>to look at</u> the night scene.　　(명사적, 형용사적, 부사적) 용법

14 She was the first woman <u>to fly</u> an airplane.　　(명사적, 형용사적, 부사적) 용법

15 <u>To lose</u> is to win.　　(명사적, 형용사적, 부사적) 용법

call out 불러내다　　**amusement park** 놀이공원　　**put off** 불을 끄다　　**horror** 공포　　**night scene** 야경
fly 날다, 조종하다　　**lose** 지다

부정사의 용법을 골라 보자.

1 Math is hard to study. (명사적, 형용사적, 부사적) 용법

2 Her hobby is to take pictures. (명사적, 형용사적, 부사적) 용법

3 I need some water to drink. (명사적, 형용사적, 부사적) 용법

4 She left for Paris to learn art. (명사적, 형용사적, 부사적) 용법

5 Mr. Brown decided to wear a black suit. (명사적, 형용사적, 부사적) 용법

6 His address is hard to remember. (명사적, 형용사적, 부사적) 용법

7 We have two fish to eat for dinner. (명사적, 형용사적, 부사적) 용법

8 Sally was surprised to taste this pizza. (명사적, 형용사적, 부사적) 용법

9 She went to the movie theater only to buy no ticket. (명사적, 형용사적, 부사적) 용법

10 To keep healthy is important. (명사적, 형용사적, 부사적) 용법

11 Jinho wants to go to church every Sunday. (명사적, 형용사적, 부사적) 용법

12 He had a lesson to learn composing. (명사적, 형용사적, 부사적) 용법

13 She has lots of laundry to do today. (명사적, 형용사적, 부사적) 용법

14 I opened my wallet to take out money. (명사적, 형용사적, 부사적) 용법

15 Earrings are easy to lose. (명사적, 형용사적, 부사적) 용법

---

suit 정장   **taste** 맛을 보다, 맛이 나다   **movie theater** 영화관   **composing** 작곡   **wallet** 남성용 지갑
take out 꺼내다   **laundry** 세탁물

[01–03] 다음 빈칸에 알맞은 것을 고르시오.

01

> My wish is _____ a doctor.

① to is
② for being
③ to be
④ to being
⑤ was

03

> Jane went to the store _____ a souvenir.

① buy
② to buy
③ buying
④ for buy
⑤ bought

souvenir 기념품

02

> I don't have _____ in spring.

① wear anything
② to anything wear
③ to wear anything
④ anything to wear
⑤ anything to wearing

04 다음 중 밑줄 친 부분의 쓰임이 <u>다른</u> 하나는?

① I plan <u>to</u> buy a new bicycle.
② I want <u>to</u> be a singer.
③ James likes <u>to</u> dance.
④ Where do you want <u>to</u> go?
⑤ He will send an e-mail <u>to</u> me.

[05–07] 밑줄 친 부분과 문장 내에서의 역할이 같은 것을 보기에서 고르시오.

| 보기 |

① To solve the problem was difficult.

② Her job is to teach English.

③ I hope to see her soon.

05 His dream is to be a pilot.

06 I like to take pictures of the food

07 To eat healthy food is very important.

08 다음 밑줄 친 부분의 쓰임이 |보기|와 다른 것은?

| 보기 |

We have a lot of work to do.

① There is a chicken to eat.

② Susan has many letters to send.

③ I love to play basketball.

④ There are a lot of places to visit in Korea.

⑤ He needs some water to drink.

09 빈칸에 차례로 알맞은 것은?

They need a house to live ___ .
She has many friends to talk ___ .

① in - with

② on - to

③ at - in

④ on - to

⑤ at - on

10 다음 밑줄 친 부분의 쓰임이 |보기|와 같은 것은?

| 보기 |

Mary came here to see him.

① She has little time to play.

② He stood up to say something.

③ Tom hopes to be a chef.

④ I told the students to sit down.

⑤ We want to go on a picnic

11 다음 중 어법상 어색한 것은?

① My parents wanted me to be a doctor.
② He'd like to ride a bicycle.
③ They have some work to do.
④ She started draw pictures.
⑤ We decided to move to Seoul.

12 다음 부정사 중에서 '~하기 위해서'라는 뜻으로 쓰인 것은?

① My dream is to go to Canada.
② She'll be happy to meet him.
③ I got up early to exercise.
④ The problem is hard to understand.
⑤ I'm sorry to lie about her.

13 빈칸에 알맞은 전치사는?

She gave me a fork to eat
_____ .

14 다음 밑줄 친 용법과 같은 것은?

To keep a diary is fun.

① Christie began to swim.
② Come here to see me.
③ I have another place to stay at.
④ Mary has a friend to help her.
⑤ I will go to the station to meet him.

15 빈칸에 들어갈 말로 알맞은 것을 고르시오.

Jimmy bought a pen to write
_____ .

① in
② at
③ on
④ for
⑤ with

16 주어진 단어를 우리말에 알맞게 나열하시오.

We have _____
_____ .
(memorize, new, to, sentences)
우리는 외워야 할 새로운 문장들이 있다.

[17–18] 밑줄 친 부분이 바르지 <u>않은</u> 것은?

17

Tom wishes ① <u>to be</u> a scientist.
He always goes ② <u>to school</u> early
③ <u>to prepare</u> his lessons.
During classes, he studies hard
and takes notes ④ <u>to got</u> a good
score.
Also he is very kind.
He ⑤ <u>helps</u> other students.

prepare one's lesson 예습하다　score 점수

18

Last Sunday morning I went to the
park ① <u>exercise</u>.
After an hour, I ② <u>went</u> back home
and I ate breakfast.
In the afternoon, I went to the store
③ <u>to buy</u> my dress.
And then, I ④ <u>met</u> James ⑤ <u>to borrow</u>
some books.
I went to bed at 10.

[19–20] 다음 대화를 읽고 물음에 답하시오.

John : Hey George!
George : Hey John!
John : What are you doing right now?
George : I am working on a report
_____ in my class tomorrow.
John : <u>Do you want drink some coffee
with me?</u>
George : Sorry, I can't. I have to finish
this report in an hour.
John : That's okay, we can drink coffee
later.
George : Thanks.
John : Bye!

19 위의 빈칸에 알맞은 것은?

① presenting
② present
③ to present
④ presented
⑤ will present

present 발표하다

20 밑줄친 문장에서 틀린 곳을 바르게 고치시오.

_____ → _____

01 다음 빈칸에 들어갈 말로 <u>어색한</u> 것은?

> My hobby is _____ .

① to plays with a ball
② to play the violin
③ to play PC games
④ to play with Barbie dolls
⑤ to play soccer

02 다음 문장을 올바르게 해석한 것은?

> I went to the supermarket
> to buy some food.

① 나는 약간의 음식을 사러 슈퍼마켓에 갔다.
② 나는 약간의 음식을 샀기 때문에 슈퍼마켓에 갔다.
③ 나는 슈퍼마켓에서 약간의 음식을 샀다.
④ 나는 슈퍼마켓에 갔다. 그리고 음식을 샀다.
⑤ 나는 약간의 음식을 사고 슈퍼마켓에 갔다.

03 다음 중 <u>어색한</u> 문장을 고르시오.

① I want to talk to her.
② I want to talk about it.
③ I need a chair to sit.
④ I need a place to sleep on.
⑤ I need a pen to write with.

04 다음 빈칸에 들어갈 말이 올바르게 짝지어진 것은?

> * Last Friday, he _____
>   his car to Busan.
> * I want to buy a car and
>   _____ it.

① drives, drive
② drives, drove
③ drove, drives
④ drove, drove
⑤ drove, to drive

05 다음 문장의 괄호 안에 알맞은 것에 o표 해보세요.

> a. She was happy (to meet his son/
>   to met his son).
> b. Ms. Jefferson takes vitamin
>   (to keep healthy / to keeps healthy).

06 밑줄 친 부정사의 용법이 나머지와 다른 하나를 고르면?

① She planned to travel Asia.
② He received a holiday to go hiking.
③ She is waiting to meet Jimmy.
④ I went to the library to return some books.
⑤ Mom turned on the oven to make soup.

07 다음 대화의 빈칸에 들어갈 말로 올바른 것은?

> A: Where should I sleep?
> B: It is your bed _____.

① sleep on
② sleeps on
③ to sleep on
④ on to sleep
⑤ on sleeping

08 다음 밑줄 친 부분이 어색한 것은?

① To play games are fun.
② To see is to believe.
③ To eat apples is good for health.
④ To swim in the rain is exciting.
⑤ To dance makes me feel good.

09 밑줄 친 부분과 문장 내 역할이 같은 것으로 쓰인 것은?

> ┌─ |보기| ─────────────────┐
> ① To drive a car was difficult.
> ② Her job is to teach Mathematics.
> ③ I hope to see her soon.
> └──────────────────────────┘

a. His schedule is to go to the hospital.
b. I like to visit Seoul again.
c. To be a teacher is my dream.

10 다음 밑줄 친 부분 중 바르지 않은 것을 고르면?

① I need a book to read of.
② She brought a knife to cut with.
③ Aaron is my friend to study with.
④ I found a perfect place to study at.
⑤ I don't know the topic to talk about.

topic 주제

11 다음 주어진 단어들을 우리말에 맞게 배열하시오.

> He didn't expect (there, run into, to, me). 그는 그 곳에서 나와 마주칠 것을 예상하지 못했다.

run into ~ ~와 우연히 마주치다

He didn't expect _____ .

12 다음 문장을 우리말에 맞게 배열한 것은?

> It is (your, to, chair, lean on).
> 이것은 당신이 기댈 의자이다.

lean on ~에 기대다

① It is to lean on your chair.
② It is to your chair lean on.
③ It is lean on to your chair
④ It is your chair to lean on.
⑤ It is your chair lean on to.

13 주어진 단어를 가지고 문장의 뜻에 맞게 영작하시오.

> She _____ Chinese.
> (practice, continue)
> 그녀는 중국어를 연습하기를 계속했다.

14 다음 문장을 우리말로 바르게 옮긴 것을 고르시오.

> She grew up to be an excellent doctor.

① 그녀는 유능한 의사가 되기 위해 자랐다.
② 그녀는 자라서 유능한 의사가 될 것을 알았다.
③ 그녀는 자라서 유능한 의사가 되었다.
④ 그녀는 유능한 의사가 되어서 자랐다.
⑤ 그녀는 자라서 유능한 의사가 되는 것이 꿈이다.

15 빈칸에 알맞은 것을 고르시오.

> I was surprised _____ the news.

① hear
② hears
③ heard
④ to hearing
⑤ to hear

16 다음 주어진 단어를 빈칸에 알맞게 활용한 것은?

> He ordered a cup of coffee
> _____(drink) with the sandwich.

① drink
② to drink
③ drunk
④ drinks
⑤ be drinking

17 주어진 단어와 뜻이 올바르게 연결되지 않은 것은?

① to teach - 가르치는 것
② to swim - 수영하기
③ drove - 운전했다
④ walk - 걷기 위해서
⑤ to be - 되는 것

18 주어진 단어를 알맞게 변형해 빈칸을 채워 보시오.

> There are rules _____.
> (follow) 따라야 할 규칙이 있다.

19 다음 밑줄 친 부정사 중 형용사적 용법 두 개를 고르면?

① He has a magazine to read.
② Susan met the teacher to decide her course.
③ He tuned the cello to play.
④ I went to the market to buy a watermelon.
⑤ She caught a taxi to go to work.

decide 결정하다   course 진로/과정   tune 조율하다

20 주어진 단어를 올바르게 배열한 것을 고르시오.

> English people (drink, to, love, tea)
> 영국 사람들은 차 마시는 것을 사랑한다.

① drink to love tea
② drink tea to love
③ to love drink tea
④ love to drink tea
⑤ love tea to drink

Chapter 2

부정사 B

Unit 1 가주어와 진주어,
　　　　의문사 + to 부정사

Unit 2 too ~ to....,
　　　　~ enough to....

1 가주어와 진주어, 의문사 + to 부정사

1 가주어와 진주어

🔷 가주어와 진주어 It ~ to....

현대 영어에서는 부정사는 주어로 잘 쓰지 않는다. 그러므로 to부정사로 시작되는 주어는 문장에서 뒤쪽으로 보내고 대신 이 자리에 it이라는 가(짜)주어를 쓰고, 뒤로 보낸 to부정사는 진(짜) 주어라고 한다. 이 때 it은 해석하지 않는다.

ex. **To get up early is not easy.**

　　→ **It is not easy to get up early.** 일찍 일어나는 것은 쉽지 않다.
　　　 가주어　　　　　　　　 진주어

Tip! 부정사를 주어로 쓰는 경우는 속담이나 격언에 주로 사용한다.

2 의문사 + to 부정사

🔷 형태: 의문사 + to 부정사

의문사에 to 부정사를 붙여 하나의 명사구로 사용한다.

what + to부정사	무엇을 ~해야 할지
when + to부정사	언제~해야 할지
where + to부정사	어디서~해야 할지
how + to부정사	어떻게 ~해야 할지, ~하는 법

ex. I didn't know **what to do**. 나는 무엇을 해야 할지 몰랐다.
　　　　　　　　　　 명사구(목적어)

Tip! why는 '의문사 + to 부정사'로 만들어 사용하지 않으며, 'who + to 부정사'는 가능하기는 하나 자주 쓰이지 않는다.

주어진 문장에서 to부정사구에 ○표 하고 가주어와 진주어로 바꾸고 우리말로 옮겨 보자.

1 To say 'No' is difficult.

→ *It is difficult to say 'No'* .

→ .

2 To watch TV all day is not good.

→ .

→ .

3 To move the grand piano is very hard.

→ .

→ .

4 To read this novel is boring.

→ .

→ .

5 To ski at night is exciting.

→ .

→ .

all day 하루종일　**grand piano** 그랜드 피아노　**exciting** 흥미진진한

기본 TEST

다음 영어를 우리말로 옮겨 보자.

1 what to do   무엇을   해야 할지

2 how to open

3 when to start

4 where to stay

다음 중 알맞은 것을 골라 보자.

1 언제 멈춰야 할지   (when, what)(to stop, stop)

2 어디서 자야할지   (how, where)(sleep, to sleep)

3 무엇을 요리해야 할지   (what, how)(cook, to cook)

4 어떻게 살아야 할지 (사는 법)   (when, how)(live, to live)

우리말에 알맞게 문장을 완성해 보자.

1 Tell me   *when*   *to come back* .

나에게 언제 돌아와야 하는지 말해라.

2 She didn't know   .

그녀는 무엇을 점검해야 하는지 몰랐다.

3 He taught me   .

그는 나에게 스케이트 타는 법(어떻게 스케이트 타는지)을 가르쳤다.

4 They couldn't decide   .

그들은 어디서 만나야 할지 결정할 수 없었다.

5 Tom doesn't know   .

Tom은 무엇을 말해야 하는지 모른다.

6 He is thinking about   .

그는 어디서 낚시해야 할지 생각중이다.

7 I decided   .

나는 무엇을 주문해야 할지 결정했다.

8 We have to learn   .

우리는 사냥하는 법을 배워야만 한다.

9 Jane reminded us   .

Jane은 우리에게 언제 떠나야 하는지 다시 한 번 알려 주었다.

10 They are considering   soccer.

그들은 어디서 축구를 해야 할지 고민 중이다.

---

fish 낚시하다   **order** 주문하다   **hunt** 사냥하다   **remind** 상기시키다(다시 한번 알려주다)
consider 고민하다, 숙고하다

UNIT 2

too ~ to...., ~ enough to....

too~ to....,나 enough to는 부정사의 형용사 또는 부사를 수식하는 부사적 용법에 해당한다. 그러므로 기본 문장에 부사 역할을 하는 부정사가 덧붙였다고 생각하면 이해가 쉽다.

● too + 형용사 / 부사 + to

너무 ~해서 ....할 수 없다 / ...하기에 너무 ~하다

ex. This coffee is too hot to drink. 이 커피는 너무 뜨거워서 마실 수 없다.

ex. This coffee is **too** hot + to drink . 이 커피는 마시기에 너무 뜨겁다.

　　　이 커피는 너무 뜨겁다 + 마시기에

too~ to...에서 too는 부정의 결과를 나타내므로 '너무 ~해서 ...할 수 없다'라는 뜻을 갖는다.

● 형용사 / 부사 + enough to....

...하기에 충분히 ~하다 / ....할 만큼 충분히~하다

ex. He studied hard enough to pass the exam.

　　　그는 그 시험에 통과할 수 있을 만큼 충분히 열심히 공부했다.

ex. He studied hard **enough** + to pass the exam .

　　　그는 충분히 열심히 공부했다. + 그 시험에 통과하기에(통과할 만큼)

다음 영어를 우리말로 옮겨 보자.

1 too young to go   *너무 어려서 갈 수 없는*

2 too sad to see

3 too tired to do

4 old enough to understand

5 strong enough to carry

6 rich enough to buy

다음 우리말을 영어로 옮겨 보자.

1 너무 바빠서 / 만날 수 없는   *too busy to meet*

2 너무 배고파서 / 걸을 수 없는

3 너무 아파서 / 먹을 수 없는

4 들어가기에 / 충분히 작은

5 먹기에 / 충분히 부드러운

6 시도하기에 / 충분히 용감한

---

carry 옮기다, 나르다   **enter** 들어가다   **tender** 부드러운   **brave** 용감한   **try** 시도하다

A 기본 TEST

다음 주어진 단어들을 우리말에 알맞게 나열해 보자.

1 He was *too* *tall* + *to* *get* on the taxi. (tall, too, to, get)
그는 너무 키가 커서 택시를 탈 수 없었다.

2 I was _____ + _____ well. (breathe, full, too, to)
나는 너무 배가 불러서 숨을 잘 쉴 수 없었다.

3 Andy was _____ + _____ anything. (to, sad, too, say)
Andy는 너무 슬퍼서 어떤 것도 말할 수 없었다.

4 The kid walks _____ + _____ his mom. (slow, follow, to, too)
그 아이는 너무 느리게 걸어서 그의 엄마를 따라 갈 수 없다.

5 Ann is _____ + _____ straight up. (weak, too, stand, to)
Ann은 너무 약해서 똑바로 설 수 없다.

다음 주어진 단어들을 우리말에 알맞게 나열해 보자.

1 They are *strong* *enough* + *to* *move* the rock. (enough, move, strong, to)
그들은 그 바위를 옮길 수 있을 만큼 충분히 힘이 세다.

2 Jimmy was _____ + _____ in the sea. (to, lucky, enough, survive)
Jimmy는 바다에서 살아남을 수 있을 만큼 충분히 운이 좋았다.

3 He ran _____ + _____ there on time. (arrive, fast, to, enough)
그는 제시간에 거기에 도착할 수 있을 만큼 충분히 빠르게 달렸다.

4 She cooks _____ + _____ in the cooking contest. (enough, to, win, well)
그녀는 요리 경연 대회에서 우승할 만큼 충분히 잘 요리한다.

5 Tom was _____ + _____ the question. (to, answer, clever, enough)
Tom은 그 질문에 대답할 수 있을 만큼 충분히 영리했다.

breathe 숨을 쉬다   straight 똑바로   survive 살아남다

기본 TEST

정답 및 해설 p.10

주어진 말을 이용하여 우리말에 알맞게 문장을 완성해 보자.

1 Nancy was *too   hungry   to   sleep* last night. (sleep)

Nancy는 너무 배가 고파서 어젯밤 잘 수가 없었다.

2 Jim is _____ her. (marry)

Jim은 너무 가난해서 그녀와 결혼할 수 없다.

3 The apples are _____ . (eat)

이 사과들은 먹기에 충분히 좋다.

4 I walked _____ the bus. (catch)

나는 그 버스를 잡을 수 있을 만큼 빨리 걸었다.

5 He is _____ anymore. (work)

그는 너무 나이가 들어서 더 이상 일할 수 없다.

6 She is _____ them. (forgive)

그녀는 그들을 용서할 만큼 충분히 관대하다.

7 I felt _____ in the office. (be)

나는 너무 추위를 느껴서 그 사무실에 있을 수 없었다.

8 She was _____ the bug on the ceiling. (capture)

그녀는 너무 키가 작아서 천장에 벌레를 잡을 수 없었다.

9 Martin is _____ a yacht. (own)

Martin은 요트를 소유할 만큼 충분히 부자이다.

10 Kate is _____ my skirt. (wear)

Kate는 내 치마를 입을 수 있을 만큼 충분히 날씬하다.

---

generous 관대한   **forgive** 용서하다   **capture** 잡다   **ceiling** 천장   **bug** 벌레   **own** 소유하다
yacht 요트

다음 주어진 단어를 이용하여 우리말에 알맞게 문장을 완성해 보자.

1 She is　*too young to enter*　the movie theater. (young)

그녀는 너무 어려서 그 영화관에 들어갈 수 없다.

2 They were _____ crying. (sad)

그들은 너무 슬퍼서 울음을 멈출 수 없었다.

3 He was _____ her out. (shy)

그는 너무 수줍어서 그녀에게 데이트 신청을 할 수 없었다.

4 He is _____ a new skill. (young)

그는 새로운 기술을 배울 만큼 충분히 젊다.

5 My dog is _____ anything. (old)

나의 개는 너무 늙어서 어떤 것도 듣지 못한다.

6 Tom is _____ a job. (lazy)

Tom은 너무 게을러서 직업을 구하지 못한다.

7 You are _____ in your business. (wise)

너는 너의 사업에서 성공할 수 있을 만큼 충분히 현명하다.

8 Sam was _____ anymore. (bored)

Sam은 너무 지겨워서 더 이상 공부를 할 수 없었다.

9 She is _____ it within a week. (excellent)

그녀는 일주일 이내에 그것을 끝낼 수 있을 만큼 충분히 유능하다.

10 Ann is _____ fine work at school. (intelligent)

Ann은 학교에서 좋은 성적을 받을 만큼 충분히 총명하다.

---

ask~out ~에게 데이트신청하다　shy 수줍어하는　skill 기술　get 얻다, 구하다　excellent 유능한
bored 지겨운　intelligent 총명한, 지적인　do fine work 좋은 성적을 받다

[01–02] 빈칸에 알맞은 말은?

01

> To swim in the river is dangerous.
> → _____ is dangerous to swim in the river.

① It
② This
③ That
④ He
⑤ She

02

> To master a foreign language is difficult.
> → It is _____ .

① to master a foreign language difficult
② to master a difficult foreign language
③ to master difficult a foreign language
④ to difficult master a foreign language
⑤ difficult to master a foreign language

master 정복하다   foreign language 외국어

03 다음 문장에서 to가 들어가야 할 위치는?

> It is ① good ② get up ③ early ④ in ⑤ the morning.

[04–06] 다음 |보기|에서 대화의 빈칸에 알맞은 기호를 찾아쓰시오.

| 보기 |

ⓐ when to visit
ⓑ what to do
ⓒ how to play the guitar

04

> Tom : Did you plan to visit your parents?
> Jamie : Yes, but I didn't decide _____ them.

05

> Jason : I am making fruit juice now. Please tell me _____ next.
> Judy : Sorry, I don't know.

06

> Emily : What did you do during this summer vacation?
> Paul : I learned _____ this summer.

07 |보기|의 밑줄 친 it과 용법이 같은 것은?

| 보기 |

<u>It</u> is important for students to keep a diary.

① <u>It</u> is not cold anymore.
② <u>It</u> is good to read the book.
③ <u>It</u> is dark.
④ What time is <u>it</u> now?
⑤ <u>It</u> is my pen.

keep a diary 일기를 쓰다

[8~9] 빈칸에 알맞은 것은?

08

Do you know _____ if there's a fire in the school?

① where to live
② how to go
③ what to do
④ when to eat
⑤ who to sing

fire 화재, 불

09

Teacher : Alex, do you know _____ "temperature"?
Alex : No, I don't.

① what to spell
② where to spell
③ when to spell
④ how to spell
⑤ who to spell

temperature 온도

10 우리말과 같은 뜻이 되도록 '의문사+부정사'를 사용하여 빈칸을 채우면?

나는 이 책을 어디에 놓아야 할지 모른다.
= I don't know _____ this book.

put 놓다, 두다

11 다음 중 어색한 문장은?

① I didn't know where to go.
② Please tell me when to turn right.
③ Do you have any trouble deciding what to eat?
④ My father taught me how to drive.
⑤ You should explain why to do it.

turn right 우회전하다, trouble 고민

[12–13] 밑줄 친 부분이 바르지 <u>않은</u> 것은?

12

> ① This isn't ② safe ③ to show your face ④ to them. ⑤ 없음

13

> Amy ① <u>likes</u> to travel abroad. This summer she ② <u>will go</u> to France. She has to decide how to ③ <u>get</u> there and where to ④ <u>will stay</u>. She is excited because there ⑤ <u>are</u> many art museums in Paris.

abroad 해외로

14 우리말과 같은 뜻이 되도록 ( ) 안의 단어를 배열하면?

> Tom은 지금 너무 피곤해서 갈 수가 없다.
> = Tom is (to, too, go, tired) now.

① to tired too go
② too tired go to
③ go too tired to
④ tired to go too
⑤ too tired to go

[15–16] 다음 대화를 읽고 물음에 답하시오.

> Sarah : Can you help me move into my new apartment?
> Paul : Of course. What do you want me to do?
> Sarah : I have a TV. ⓐ <u>It is too heavy not to lift.</u> Do you think you can lift it?
> Paul : Let me try. Yes, it is fine. Where do you want me to put it?
> Sarah : If it is ___ⓑ___ hard to handle, please put it in the living room.
> Paul : No problem.
> Sarah : Thank you for your help!

lift 들어올리다   handle 다루다

15 밑줄 친 ⓐ의 틀린 곳을 찾아 바르게 고치시오.

_____ → _____

16 밑줄 친 ⓑ에 알맞은 단어는?

① to
② in
③ enough
④ at
⑤ too

[17–18] 다음 글을 읽고 물음에 답하시오.

Bob and Andy are very different people. When Bob and Andy ⓐ go out, they have to decide what to ⓑ do. Sometimes, they get into an argument. Today, Bob wants to go to the theater. It is fun to ⓒ watching a movie. But Andy wants to ⓓ play in the park. They have to decide ＿＿＿(a)＿＿＿ to go because there ⓔ is plenty of time.

argument 논쟁　decide 결정하다　plenty of 많은

17 밑줄 친 ⓐ~ⓔ 중 틀린 것은?

① ⓐ
② ⓑ
③ ⓒ
④ ⓓ
⑤ ⓔ

18 밑줄 친 (a)에 알맞은 의문사는?

① who
② when
③ where
④ why
⑤ how

19 ( ) 안의 단어를 이용하여 빈칸에 알맞은 말을 쓰면?

Jane is ＿＿＿＿＿＿＿＿＿＿＿
a free entrance ticket.
(to, enough, lucky, get)

free entrance ticket 무료입장권

20 다음 빈칸에 들어갈 수 있는 말을 고르시오.

That girl is ＿＿＿＿＿ full to eat more.

① to
② for
③ too
④ enough
⑤ with

full 배가 부른

01 다음 단어와 뜻이 <u>잘못</u> 연결된 것은?

① what to do - 무엇을 할지
② when to study - 언제 공부할지
③ where to meet - 어디서 만날지
④ how to do - 어떻게 해야 할지
⑤ which to say - 어디서 말할지

02 다음 대화의 빈칸에 들어갈 말을 고르면?

> *A* : When do you meet?
> 너희들은 언제 만나기로 했니?
> *B* : We didn't decide _____ to meet.
> 우리는 언제 만날지 결정하지 못했어.

① where
② what
③ who
④ whom
⑤ when

03 다음 문장을 영작하시오.

> She has not picked yet _____ to eat.
> 그녀는 무엇을 먹을지 아직 고르지 못했다.

04 다음 문장의 밑줄 친 부분을 해석하시오.

> I am <u>too fat to wear</u> this sweater.
> 나는 _____ 이 스웨터를 _____.

05 다음 두 문장의 뜻이 같도록 빈칸을 채워보시오.

> To visit my grandparents is happy.
> → _____ is happy _____ visit my grandparents.

06 다음 우리말의 뜻에 맞게 문장의 빈 칸에 들어갈 말로 알맞은 것은?

> 그는 이 바지를 입을 만큼 충분히 말랐다.
> He is ＿＿＿＿＿＿＿＿ wear these pants.

① skinny too enough
② too skinny to
③ skinny to enough
④ skinny enough to
⑤ enough skinny to

07 다음 빈칸에 들어갈 문장으로 알맞은 것은?

> To eat at night isn't good for health.
> → It isn't ＿＿＿＿＿＿＿＿＿.

① to eat at night good for health.
② to eat good for health night.
③ to eat good for health at night.
④ to good for health eat at night.
⑤ good for health to eat at night.

08 다음 문장의 괄호 안에서 알맞은 것에 O표 해보자.

> a. Let me know (what / when) you will come home.
> b. I don't know (how / what) to cook rice.

09 다음 보기 중 어색한 것은?

> ① This is mandatory ② for people ③ to wear seatbelt ④ when they drive. ⑤ 없음

mandatory 의무적인

10 다음 대화의 빈칸에 들어갈 말로 올바르지 않은 것을 고르면?

> A : How did you pass the test?
> B : I studied hard ＿＿＿＿＿ pass the test.

① to
② enough to
③ everyday to
④ too much to
⑤ 없음

11 다음 주어진 단어들의 순서를 올바르게 배열하시오.

> The teacher reminded us once again ＿＿＿＿＿＿＿＿＿.
> (it, how, use, to)

선생님은 그것을 어떻게 사용하는지 우리에게 다시 한 번 알려 주셨다.

12 밑줄 친 부분이 바르지 <u>않은</u> 것은?

> Jeffrey wishes ① <u>to be</u> a writer.
> He always ② <u>wakes up</u> early
> ③ <u>to clear</u> his head. At school,
> he studies hard ④ <u>to got</u> a good
> score. He will ⑤ <u>succeed</u>.

13 주어진 단어를 빈칸에 바르게 고쳐써 보시오.

> Tom cancelled his plan _____
> Osaka.(visit)
> Tom은 오사카를 방문하려던 그의 계획을 취소했다.

[14–15] 다음 대화를 읽고 물음에 답하시오.

> *Sarah* : Hi, Sam! What are you doing
>   right now?
> *Sam* : I am working on my paper by
>   tomorrow morning.
> *Sarah* : Do you want to have lunch with
>   me?
> *Sam* : Sorry, I can't. I have to finish this.
> *Sarah* : That's okay.
>   I'll ⓐ _____
>   for you soon.
>   (some sandwiches, to, start, make)

14 다음 ⓐ의 단어를 올바르게 배열하시오.

_____

15 위의 글과 내용이 <u>다른</u> 것은?

① Sam은 숙제를 다 하지 못했다.
② Sam은 점심을 Sarah랑 함께 먹기로 했다.
③ Sam의 숙제 제출 기한은 내일 아침이다.
④ Sarah는 Sam에게 점심을 함께 먹자고 했다.
⑤ Sarah는 Sam이 점심을 같이 먹지 못해도 괜찮다.

16 올바른 표현에 O표 하시오.

> The boy is (enough wise, wise
> enough) to understand the
> question.

17 다음 빈칸에 들어갈 말로 알맞은 것은?

> My grandmother remembers
> _____ the radio.

turn on 켜다

① how to turn on
② what to turn on
③ which to turn on
④ why to turn on
⑤ that to turn on

18 밑줄 친 부분의 쓰임이 나머지 셋과 다른 두개를 고르면?

① This book is <u>too</u> hard to understand.
② I agree with you, <u>too</u>.
③ She is <u>too</u> tired to clean the room.
④ You woke up <u>too</u> late to attend the meeting.
⑤ Can I come <u>too</u>?

attend 참석하다

19 주어진 문장을 가주어 it을 사용하여 같은 표현으로 나타내 보시오.

> To keep a promise is very
> important for me.

_____
_____
_____

[20] 다음 대화를 읽고 물음에 답하시오.

> *Jay* : Have you ever played ping-pong?
> *Chloe* : Yes, I have.
> *Jay* : Then, I don't need to teach you _____ⓑ_____ to play.
> *Chloe* : Actually, I need you to tell me _____ⓒ_____ my turn is.
> *Jay* : Okay, I will let you know.

turn 차례

20 ⓑ,ⓒ에 각각 들어갈 말을 고르면?

① when, how
② what, how
③ when, where
④ how, what
⑤ how, when

Chapter 3

동명사

UNIT 1 동명사

동명사란?
동사의 성질을 가지면서 명사의 역할을 하는 것을 말하며 동사의 '동', 명사의 '명'을 따서 동명사라고 한다.

⬛ 형태: 동사 원형 + ing

~하는 것(~하기)

read + ing = reading
읽다   읽는 것 / 읽기

⬛ 문장에서 명사가 사용되는 경우에 쓰일 수 있으므로 주어, 보어, 목적어로 쓰인다.

ex. **Skating** is fun.   스케이트 타는 것은 재미있다.
주어

I like **skating** .   나는 스케이트 타는 것을 좋아한다.
목적어

My hobby is **skating** .   나의 취미는 스케이트 타는 것이다.
보어

동사의 형태 비교표(예시)

동사원형	play	놀다
현재	play/ plays	논다
과거	played	놀았다
미래	will play	놀 것이다
부정사 (명사적 용법)	to play	노는 것 / 놀기
동명사	playing	노는 것 / 놀기

Tip! 부정사와 마찬가지로 play(놀다)는 동사이며, '노는 것 / 놀기' 라는 명사가 없으므로 play라는 동사 뒤에 ing를 붙여서 playing (노는 것 / 놀기) 이라는 명사를 만든다

동명사가 주어로 오는 경우

동명사가 문장의 주어로 사용될 때 동명사는 3인칭 단수로 취급하여 3인칭 단수 동사를 사용해야 한다.

ex. Dancing **is** fun.
~~Dancing are fun.~~

ex. Eating apples **is** good for health.
~~Eating apples are good for health.~~

주어는 apples가 아니라 eating apples(사과를 먹는 것) 이므로 동사는 복수 동사 are가 아니라 3인칭 단수동사 **is**를 써야 한다.

동명사도 동사의 변형이므로 동사의 성질을 가지고 있다. 그러므로 동명사 뒤에 목적어나 부사(구)를 취할 수 있다.

ex. He enjoyed **surfing**.   서핑하기
　　　　　　　동명사

He enjoyed **surfing / in summer**.   여름에 서핑하기 (서핑하기/여름에)
　　　　　　　동명사　　　　동명사의 부사구

He likes **writing / letters**.   편지 쓰기 (쓰기/편지)
　　　　　동명사　　동명사의 목적어

명사적 용법의 부정사는 동명사로 바꾸어 쓸 수 있다.

ex. I love **to swim**.   나는 수영하기를 무척 좋아한다.
　　= I love **swimming**.

단, 동사에 따라 동명사만을 취하는 동사, 부정사만을 취하는 동사, 둘 다를 취할 수 있는 동사가 있으니 주의해야만 한다.

이는 Unit 3에서 공부하기로 한다.

밑줄 친 부분을 우리말로 바꾸고 문장 내의 역할을 골라 보자.

1 I love skiing in winter. (주어, (목적어), 보어)

나는 ⟨겨울에 스키 타는 것을⟩ 무척 좋아한다.

2 Listening to music is the best way to relax. (주어, 목적어, 보어)

＿＿＿＿＿＿＿ 긴장을 푸는 가장 좋은 방법이다.

3 Her favorite activity is growing herbs. (주어, 목적어, 보어)

그녀의 가장 좋아하는 활동은 ＿＿＿＿＿＿ 이다.

4 His hobby is climbing mountains. (주어, 목적어, 보어)

그의 취미는 ＿＿＿＿＿＿ 이다.

5 Mom enjoys drinking hot tea. (주어, 목적어, 보어)

엄마는 ＿＿＿＿＿＿ 즐긴다.

6 Sleeping in a friend's house is fun. (주어, 목적어, 보어)

＿＿＿＿＿＿ 재미있다.

7 I gave up running in a marathon. (주어, 목적어, 보어)

나는 ＿＿＿＿＿＿ 포기했다.

8 My dad's job is training baseball players. (주어, 목적어, 보어)

나의 아빠의 직업은 ＿＿＿＿＿＿ 이다.

9 Eating spinach is good for health. (주어, 목적어, 보어)

＿＿＿＿＿＿ 건강에 좋다.

10 Speaking Chinese isn't easy. (주어, 목적어, 보어)

＿＿＿＿＿＿ 쉽지 않다.

---

grow 기르다　　herb 허브　　activity 활동　　marathon 마라톤　　run in a marathon 마라톤에 출전하다
train 훈련시키다　　spinach 시금치　　Chinese 중국어

다음 중 알맞은 것을 골라 보자.

1 teaching   (가르치기/가르치는 것, 가르치다, 가르쳤다)

    taught   (가르치기/가르치는 것, 가르치다, 가르쳤다)

    teach   (가르치기/가르치는 것, 가르치다, 가르쳤다)

2 making   (만들었다, 만들기/만드는 것, 만들 것이다)

    make   (만들었다, 만들기/만드는 것, 만든다)

    will make   (만들었다, 만들기/만드는 것, 만들 것이다)

3 painting   (칠했다, 칠할 것이다, 칠하기 / 칠하는 것)

    painted   (칠했다, 칠할 것이다, 칠하기 / 칠하는 것)

    will paint   (칠했다, 칠할 것이다, 칠하기 / 칠하는 것)

다음 중 알맞은 것을 골라 보자.

1 스키탔다   (ski, skiing, skied)

    스키타다   (ski, skiing, skied)

    스키타기/스키타는 것   (ski, skiing, skied)

2 춤추다   (dance, will dance, dancing)

    춤추기/춤추는 것   (dance, will dance, dancing)

    춤출 것이다   (dance, will dance, dancing)

3 말할 것이다   (will speak, spoke, speaking)

    말했다   (will speak, spoke, speaking)

    말하기 / 말하는 것   (will speak, spoke, speaking)

우리말을 영어로 옮겨 보자. (부정사는 사용하지 말 것)

1 그리기   *drawing*

2 듣기

3 사랑하다

4 입기

5 요리하기

6 앉을 것이다

7 보았다

8 전화하기

9 팔기

10 울었다

11 일하기

12 걷기

13 배우기

14 청소하기

15 스케이트를 탔다

16 기도하다

17 바느질을 하기

18 잠을 잘 것이다

19 노래하기

20 살기

wear 입다   pray 기도하다   sew 바느질 하다

다음 주어진 단어를 이용하여 우리말에 알맞게 문장을 완성해 보자. (부정사는 사용하지 말 것)

1 He enjoys _eating_ doughnuts. (eat)

그는 도넛 먹기를 즐긴다.

2 She finished _____ the report. (write)

그녀는 보고서 쓰는 것을 끝냈다.

3 He _____ from 9 a.m to 6 p.m yesterday. (work)

그는 어제 오전 9시부터 오후 6시까지 일했다.

4 Jason minds _____ up the telephone pole. (climb)

Jason은 전봇대에 올라가기가 마음에 꺼린다.

5 _____ every morning is not easy. (stretch)

매일 아침 스트레칭하는 것은 쉽지 않다.

6 He doesn't _____ the same mistake. (make)

그는 같은 실수를 하지 않는다.

7 I _____ you right now. (help)

내가 지금 당장 너희들을 도울게.

8 She practiced _____ slowly. (speak)

그녀는 천천히 말하는 것을 연습했다.

9 My son stopped _____ to his friend. (talk)

나의 아들은 그의 친구에게 말하기를 멈췄다.

10 He gave up _____ a painter. (become)

그는 화가가 되는 것을 포기했다.

---

doughnut 도넛   mind 마음에 꺼리다   telephone pole 전봇대   stretch 스트레칭하다
make a mistake 실수를 하다   right now 지금 당장   give up 포기하다

기본 TEST

동명사를 이용하여 우리말을 영어로 옮겨 보자.

1 먹는 것   *eating*   햄버거를 / 먹는 것   *eating*   *a hamburger*

2 수영하기   풀장에서 / 수영하기

3 읽는 것   잡지를 / 읽는 것

4 되기   음악가 / 되기

5 사는 것   컴퓨터를 / 사는 것

6 노는 것   Tom과 함께 / 노는 것

7 쓰는 것   편지 / 쓰는 것

8 자지 않기   늦게까지 / 자지 않기

9 타기   말 / 타기

10 만나기   Jane을 / 만나기

---

magazine 잡지　　**musician** 음악가　　**stay up** 안자다 (깨어 있다)　　**late** 늦게, 늦게까지

동명사구에 ○표 하고, 동명사와 동명사의 수식어구를 /로 나누고 주어진 단어를 이용하여 문장을 완성해 보자.

1 I _like_ _surfing_ / _on the internet_ . (on the internet, surf, like)

나는 인터넷에서/검색 하는 것을 좋아한다.

2 They _____ / _____ . (hate, science, study)

그들은 과학을 공부하기를 매우 싫어한다.

3 He _____ / _____ . (students, enjoy, teach)

그는 학생들을 가르치는 것을 즐긴다.

4 Dad _____ / _____ . (work, without John, mind)

아빠는 John 없이 일하는 것을 꺼려한다.

5 _____ / _____ her dream. (be, is, famous like Jenny)

Jenny처럼 유명하게 되는 것이 그녀의 꿈이다.

6 Ann _____ / _____ . (chat, like, on the phone)

Ann은 전화로 수다 떠는 것을 좋아한다.

7 _____ / _____ important. (your parents, is, listen to)

네 부모님 말씀을 잘 듣는 것은 중요하다.

8 _____ / _____ and stir. (keep, water, add)

물을 더하기를 계속하고 저으세요.

9 _____ / _____ useful. (a lot of words, know, is)

많은 단어를 알고 있는 것은 유용하다.

10 James _____ / _____ . (play, stop, the violin)

James는 바이올린 연주하기를 멈추었다.

---

surf (인터넷에서) ~검색하다, 서핑하다   internet 인터넷   science 과학   like ~처럼   keep 계속하다
add 더하다   stir 젓다   useful 유용한

A 실력 TEST

1 자전거를 / 수리하는것 이 그의 직업이다. (be, fix)

   Fixing / *bikes*   *is*   his job.

2 그 개는 그 여우 쫓기를 계속했다. (continue, chase).

   The dog   /   .

3 그녀는 밤에 일하는 것을 매우 싫어한다. (work, hate)

   She   /   .

4 그는 영어로 말하기 시작했다. (speak, begin)

   He   /   .

5 엄마는 빵을 굽는 것을 즐긴다. (enjoy, bake)

   Mom   /   .

6 아침에 일찍 일어나는 것은 쉽지 않다. (be, get up)

                      /   not easy.

7 폭우 속에서 운전하는 것은 위험하다. (drive, be)

                      /   dangerous.

8 눈이 1시간 전부터 떨어지기 시작했다. (start, fall)

   The snow   /   .

9 뜨거운 태양 아래에서 걷는 것은 매우 힘들다. (be, walk)

                      /   very hard.

10 창문을 열어도 될까요? (open, mind)

   Would you   /   ?

---

continue 계속하다   chase 쫓다   in the heavy rain 폭우 속에서   1 hour ago 한 시간 전에(부터)
under the hot sun 뜨거운 태양 아래에서   would you mind ~ing…? ~해도 될까요?

다음 우리말을 두 가지 표현으로 나타내 보자. (동명사와 부정사)

1 나의 아빠는 요리하는 것을 좋아하신다. (like, cook)

= My dad   *likes cooking*   .

= My dad   *likes to cook*   .

2 읽기는 1학년에서 중요하다. (be, read)

= _____ important in the first grade.

= _____ important in the first grade.

3 그는 영어로 말하기 시작했다. (speak, start)

= He _____ in English.

= He _____ in English.

4 그 개는 달리기를 계속했다. (run, continue)

= The dog _____ .

= The dog _____ .

5 태평양을 횡단하여 항해하는 것은 나의 꿈이다. (be, sail)

= _____ across the Pacific _____ my dream.

= _____ across the Pacific _____ my dream.

6 Jack은 공원에서 조깅하는 것을 무척 좋아한다. (love, jog)

= Jack _____ in the park.

= Jack _____ in the park.

---

grade 학년   **sail** 항해하다   **Pacific** 태평양

UNIT 2 동명사와 현재분사

동명사와 현재분사는 '동사원형 + ing'로 그 형태가 같다.
그러나 그 쓰임은 다르다.

● be동사 + 동명사, be동사 + 현재분사

be동사 + 동명사	be동사 + 현재분사
보어역할 (~하는 것)	진행형 (~하고 있는 중이다)
ex. My hobby is swimming.	*ex.* Tom is swimming now.
보어	진행
나의 취미는 수영하는 것이다.	Tom은 지금 수영하고 있는 중이다.

● 형용사역할을 하는 동명사와 현재분사

'동사원형 + ing' 뒤에 명사가 나오는 경우

동명사	현재분사
'~하기 위한'으로 용도	'~하고 있는'으로 진행
a sleeping bag	a sleeping baby
(= a bag for sleeping) 침낭	잠자고 있는 아기

ex. She wore a swimming suit. 그녀는 수영복을 입었다.

She looked at a swimming boy. 그녀는 수영하고 있는 소년을 바라보았다.

● 용도의 의미를 가지는 동명사

sleeping bag	침낭	sleeping car	침대차
swimming pool	수영장	swimming suit	수영복
smoking room	흡연실	waiting room	대기실
walking dictionary	만물박사	walking stick	지팡이
washing machine	세탁기	dancing shoes	무용화

A 기초 TEST

정답 및 해설 p.12

다음 중 알맞은 것을 골라 보고, 동명사인지 현재분사인지 ○표 해 보자.

1 His work is <u>sweeping</u> the streets.　　　　　　　(동명사, 현재분사)

거리를 (청소하는 것이다, 청소하고 있는 중이다)

He is <u>sweeping</u> the streets.　　　　　　　　　　(동명사, 현재분사)

거리를 (청소하는 것이다, 청소하고 있는 중이다)

2 My goal is <u>shooting</u> an impressive film.　　　　(동명사, 현재분사)

감동적인 영화를 (찍는 것이다, 찍고 있는 중이다)

Tom is <u>shooting</u> an impressive film.　　　　　　(동명사, 현재분사)

감동적인 영화를 (찍는 것이다, 찍고 있는 중이다)

3 Mom's hobby is <u>watering</u> the flowerpots.　　　(동명사, 현재분사)

화분에 (물을 주는 것이다, 물을 주고 있는 중이다)

Mom is <u>watering</u> the flowerpots.　　　　　　　(동명사, 현재분사)

화분에 (물을 주는 것이다, 물을 주고 있는 중이다)

4 Mr. Brown is <u>gathering</u> information.　　　　　　(동명사, 현재분사)

정보를 (수집하는 것이다, 수집하고 있다)

Mr. Brown's job is <u>gathering</u> information.　　　(동명사, 현재분사)

정보를 (수집하는 것이다, 수집하고 있다)

5 Her habit is <u>blinking</u> eyes before saying something.　(동명사, 현재분사)

무언가 말하기 전에 눈을 (깜빡거리는 것이다, 깜박거리고 있다)

She is <u>blinking</u> eyes to say something.　　　　(동명사, 현재분사)

무언가 말하기 위해 눈을 (깜빡거리는 것이다, 깜박거리고 있다)

---

sweep 청소하다, 쓸다　　goal 목표　　shoot a film 영화를 찍다　　impressive 감동적인
gather 모으다, 수집하다　　habit 습관　　blink 깜박이다

B 기초 TEST

다음 중 밑줄 친 부분이 동명사인지 현재분사인지 ○표 해 보자.

1 He is <u>watching</u> a movie.　　　　　　(동명사, 현재분사)

2 My job is <u>making</u> bread.　　　　　　(동명사, 현재분사)

3 They are <u>painting</u> all the furniture.　　(동명사, 현재분사)

4 She is <u>changing</u> the curtain in the living room.　　(동명사, 현재분사)

5 Jane's habit is <u>shaking</u> her legs.　　(동명사, 현재분사)

6 His dream is <u>flying</u> in space.　　　　(동명사, 현재분사)

7 He is <u>watering</u> the tulip in the flowerpot.　　(동명사, 현재분사)

8 Anna is <u>traveling</u> abroad for work.　　(동명사, 현재분사)

9 Dad's plan is <u>repairing</u> the building by 2025.　　(동명사, 현재분사)

10 Her hope is <u>entering</u> college this year.　　(동명사, 현재분사)

11 Tom is <u>biting</u> his nails.　　　　　　(동명사, 현재분사)

12 I am <u>mixing</u> flour in the bowl.　　　(동명사, 현재분사)

13 My brother's hobby is <u>collecting</u> erasers.　　(동명사, 현재분사)

14 She is <u>taking</u> pictures in her studio.　　(동명사, 현재분사)

15 My goal is <u>getting</u> a high score.　　(동명사, 현재분사)

---

shake 흔들다　　leg 다리　　space 우주　　flowerpot 화분　　abroad 해외　　bite 깨물다
nail 손톱/못　　flour 밀가루　　bowl 사발　　score 점수

다음 우리말에 알맞게 문장을 완성해 보자.

1 We are going to *the swimming pool* .

우리는 수영장에 갈 예정이다.

2 There is no in this building.

이 건물에는 흡연실이 없다.

3 I was in then.

나는 그때 대기실에 있었다.

4 James is .

James는 만물박사이다.

5 He had no .

그는 세탁기가 없었다.

6 They are wearing .

그들은 무용화를 신고 있다.

7 There are in the rill.

실개천에는 헤엄치는 올챙이들이 있다.

8 I need .

나는 침낭이 필요하다.

9 The umbrella was used as .

그 우산은 지팡이로 사용되었다.

10 My sister wants to buy .

내 여동생은 수영복 사기를 원한다.

---

tadpole 올챙이　　**rill** 실개천

UNIT 3

동명사와 to부정사를 취하는 동사

동사에 따라서 동명사나 to부정사만을 또는 둘 다 목적어로 가질 수 있다.

🔷 부정사만을 목적어로 갖는 동사

ex. I **want to** be a scientist. 나는 과학자가 되기를 원한다. (아직은 과학자가 아님)

~~I want being a scientist.~~

주어 +	want wish would like hope plan expect decide promise choose agree	+	to 부정사

Tip! 부정사만을 취하는 동사는 주로 '아직 하지(되지) 않은 것을 나타내는 경우가 많으며, 주로 앞으로 하게 될 일을 나타낸다고 생각하고 외우면 쉽다.

🔷 동명사만을 목적어로 갖는 동사

ex. I **enjoy** surfing in summer. 나는 여름에 서핑을 즐긴다. (이미 즐기고 있음)

~~I enjoy to surf in summer.~~

주어 +	mind enjoy give up keep finish practice dislike admit deny avoid	+	동명사

Tip! 동명사만을 취하는 동사는 주로 '이미 ~한 (하고 있는) 것'을 나타낸다고 생각하고 외우면 쉽다.

🔷 부정사와 동명사 모두를 목적어로 취할 수 있는 동사

ex. I **like to** swim. 나는 수영하는 것을 좋아한다.

I **like** swimming. 나는 수영하는 것을 좋아한다.

주어 +	love hate like continue begin start	+	to 부정사 동명사

Tip! 둘 다 취하는 동사는 주로 '좋고, 싫고, 시작하고 계속하고'의 뜻을 가진 동사라고 외우면 된다. 단 dislike와 keep만 동명사를 취한다고 생각하고 외우면 된다.

1 부정사를 목적어로 취하는 동사 뒤에 to를 붙여 써 보고 10번씩 큰소리로 읽어 보자.

want, wish, hope, plan, decide, expect, choose, promise, would like, agree,

want to

○○○○○ ○○○○○

2 동명사를 목적어로 취하는 동사 뒤에 ~ing를 붙여서 써 보고 10번씩 큰소리로 읽어 보자.

enjoy, mind, dislike, keep, finish, give up, practice, admit, deny, avoid

enjoy ~ing

○○○○○ ○○○○○

3 to부정사와 동명사를 목적어로 취하는 동사 뒤에 to와 ~ing를 붙여서 써 보고 10번씩 큰소리로 읽어 보자.

love, like, hate, begin, start, continue

love to , love ~ing   ,
                                           ,
                                           ,

○○○○○ ○○○○○

---

expect 기대하다　　**promise** 약속하다　　**choose** 선택하다　　**mind** 마음에 걸리다　　**keep** 계속하다
admit 인정하다　　**deny** 부정하다　　**avoid** 피하다　　**continue** 계속하다

기초 TEST

부정사나 동명사를 취하는 동사들이다. 주어진 동사 뒤에 올 수 있는 알맞은 형태를 골라 보자. (두 개 가능)

1	start	(to~, ~ing)		2	keep	(to~, ~ing)
3	agree	(to~, ~ing)		4	give up	(to~, ~ing)
5	finish	(to~, ~ing)		6	choose	(to~, ~ing)
7	begin	(to~, ~ing)		8	like	(to~, ~ing)
9	plan	(to~, ~ing)		10	admit	(to~, ~ing)
11	practice	(to~, ~ing)		12	hate	(to~, ~ing)
13	would like	(to~, ~ing)		14	expect	(to~, ~ing)
15	continue	(to~, ~ing)		16	hope	(to~, ~ing)
17	want	(to~, ~ing)		18	mind	(to~, ~ing)
19	love	(to~, ~ing)		20	enjoy	(to~, ~ing)
21	promise	(to~, ~ing)		22	wish	(to~, ~ing)
23	dislike	(to~, ~ing)		24	decide	(to~, ~ing)

다음 중 알맞은 것을 모두 골라 보자. (두 개 가능)

1 Jane finished (to take, taking) photos.

2 My mother wants (to buy, buying) a new house.

3 He gave up (to keep, keeping) a diary.

4 She hopes (to be, being) a good partner in business.

5 I avoided (to meet, meeting) them.

6 Jane started (to run, running) away.

7 He continued (to work, working) until 6 o'clock.

8 We enjoy (to drink, drinking) wine.

9 Bob wished (to read, reading) "Harry Potter".

10 It began (to rain, raining).

11 My brother kept (to sniffle, sniffling) all day.

12 Sally planned (to open, opening) a new office near his house.

13 He decided (to study, studying) harder this year.

14 Helen practices (to play, playing) the flute every day.

15 Do you mind (to stay, staying) here tonight?

---

business 사업   run away 도망가다   sniffle 코를 훌쩍거리다   flute 플룻

A 기본 TEST

다음 중 알맞은 것을 모두 골라 보자. (두 개 가능)

1 They planned (to surprise, surprising) their teacher.

2 He denied (to steal, stealing) jewels.

3 Bill chose (to accept, accepting) her offer.

4 Students love (dancing, to dance) at the graduation party.

5 She admitted (to make, making) a mistake.

6 My son hated (eating, to eat) carrots.

7 He expected (getting, to get) an A⁺ in history.

8 I avoid (to work, working) on Saturday.

9 Is there anything else you would like (to buy, buying)?

10 Almost all the people don't like (to exercise, exercising).

11 Mr. Brown dislikes (to hunt, hunting) animals.

12 He promised (to bring, bringing) a souvenir.

13 She hoped (to receive, receiving) his answer.

14 I gave up (to switch, switching) the seats.

15 He decided (to quit, quitting) smoking at the start of the year.

---

steal 훔치다   jewel 보석   deny 부인하다, 거부하다   offer 제안   graduation 졸업
graduation party 졸업 파티   make a mistake 실수하다   history 역사   souvenir 기념품
switch 바꾸다   seat 좌석   quit 그만두다   at the start of the year 연초에

주어진 단어를 알맞은 형태로 써 넣어 보자. (두 개 가능)

1 The shopkeeper wants ___*to sell*___ everything in his store. (sell)

2 Dad finished ___ the lawn. (mow)

3 Do you mind ___ on the air-conditioner? (turn)

4 We don't wish ___ you. (fight)

5 He gave up ___ an A on the exam. (get)

6 Let heat up until corns start ___ . (pop)

7 I expect ___ my old friend someday. (meet)

8 Dr. Law admitted ___ it. (use)

9 Continue ___ 2 to 3 minutes longer. (boil)

10 The boy practiced ___ balls into the basket. (throw)

shopkeeper 상인   mow 깎다   lawn 잔디   air-conditioner 에어콘   someday 언젠가
let heat up 가열하다   pop 펑 터지다   throw 던지다

다음 주어진 단어를 이용하여 문장을 완성해 보자. (두 개 가능)

1 I would like *to take* a trip to Africa. (take)

2 They agreed never _____ about it again. (talk)

3 She kept _____ up and down. (walk)

4 My brother promised _____ back. (come)

5 Mr. Brown minds _____ in public. (speak)

6 My son hates _____ underwear. (wear)

7 The spy planned _____ secrets. (steal)

8 She dislikes _____ around. (talk)

9 He hopes _____ new skills in the period of short time. (master)

10 Why did he keep _____ that way? (talk)

---

walk up and down 서성거리다   in public 대중 앞에서   underwear 속옷   steal 훔치다
secret 비밀   talk round 돌려서 말하다   period 기간   in the period of short time 단 시간 내에
that way 그런 식으로

다음 주어진 단어를 이용하여 우리말에 알맞게 문장을 완성해 보자. (두 개 가능)

1 We ___decided___ ___to end___ it all. (end)
우리는 그것 모두를 끝내기로 결정했다.

2 Mom ___ her mouse. (move)
엄마는 마우스 움직이는 것을 연습했다.

3 I ___ bottled water. (drink)
나는 생수마시는 것을 즐긴다.

4 They ___ their salaries raised. (get)
그들은 그들의 월급이 오를 것을 기대했다.

5 He doesn't ___ to music with earphone. (listen)
그는 이어폰을 끼고 음악을 듣는 것을 꺼려하지 않는다.

6 Bill k___ . (cough)
Bill은 기침을 계속했다.

7 Jane ___ a break time. (take)
Jane은 휴식시간을 갖는 것에 동의했다.

8 Mom ___ the housework again. (do)
엄마는 다시 집안일을 하기 시작했다.

9 Children ___ on the rides. (go)
아이들은 놀이 기구 타는 것을 무척 좋아한다.

10 I c___ a boat. (row)
나는 보트의 노젓기를 계속했다.

---

end 끝내다   move 움직이다   bottled water 생수   raise 올리다   salary 봉급   earphone 이어폰
cough 기침하다   take a break time 휴식시간을 갖다   housework 집안일
go on the rides 놀이기구를 타다   row 노젓다

다음 주어진 단어를 이용하여 우리말에 알맞게 문장을 완성해 보자. (두 개 가능)

1 The farmer _denied_ _growing_ corns. (grow)

그 농부는 옥수수를 키우기를 거부했다.

2 I don't _____ _____ that. (repeat)

나는 그것을 반복하기를 원하지 않는다.

3 He _____ _____ too much at the party. (eat)

그는 파티에서 너무 많이 먹는 것을 피했다.

4 She didn't _____ _____ long. (take)

그녀는 오래 걸리리라고 기대하지 않았다.

5 The dog h_____ _____ rained on. (get)

그 개는 비를 맞는 것을 무척 싫어한다.

6 The movie star _____ _____ high -heeled shoes. (wear)

그 영화배우는 높은 구두 신기를 거부했다.

7 Tom _____ _____ by train. (go)

Tom은 기차로 가기로 (선택)했다.

8 He didn't _____ _____ up here again. (climb)

그는 여기서 다시 올라가는 것을 꺼려하지 않았다.

9 Dad _____ _____ me a football. (buy)

아빠는 나에게 축구공을 사준다고 약속했다.

10 We _____ _____ until July. (wait)

우리는 7월까지 기다리기로 동의했다.

grow 키우다   repeat 반복하다   take (시간이)걸리다   get rained on 비를 맞다   high -heeled
shoes 높은 구두   football 축구공

[01–02] 다음 빈칸에 알맞은 말은?

01

| _____ water is good for health. |

① Drink
② Drinking
③ Drank
④ To drinking
⑤ Drunken

02

| My mom gave up _____ a horse. |

① rides
② rode
③ is rode
④ riding
⑤ is riding

03 밑줄 친 부분의 문장 내 역할이 다른 하나는?

① My hobby is reading a book.
② I like talking with my mom.
③ He stopped smoking.
④ I finished studying.
⑤ Would you mind opening the door?

04 어법상 어색한 문장은? (답 두 개)

① We enjoy cooking.
② Become a teacher is hard.
③ Dancing on the stage is very fun.
④ The birds are singing on the branch.
⑤ Having many friends are good for old people.

05 다음 밑줄 친 부분의 쓰임이 다른 하나는?

① Seeing is believing.
② Collecting stamps is interesting.
③ She stopped writing a story.
④ Tom was writing a letter.
⑤ They began talking.

06 다음 중 동명사만으로 짝지어진 것은?

> ⓐ He is a <u>walking</u> dictionary.
> ⓑ Do you know the <u>dancing</u> boy?
> ⓒ Jenny is in the <u>waiting</u> room.
> ⓓ The baby is <u>sleeping</u> soundly.
> ⓔ That <u>washing</u> machine is brand new.

① ⓐ, ⓑ, ⓒ
② ⓐ, ⓒ, ⓔ
③ ⓑ, ⓓ, ⓒ
④ ⓒ, ⓓ, ⓔ
⑤ ⓑ, ⓓ, ⓔ

soundly 푹   brand new 신제품인

[07–08] 다음 (   ) 안에 주어진 동사를 어법에 맞게 고쳐 빈칸에 쓰시오.

07

> Andy enjoyed _____ to her songs. (listen)

→ _____

08

> Billy doesn't want _____ basketball. (play)

→ _____

09 부정사만을 목적어로 갖는 동사로 구성된 것은?

① avoid, plan, wish
② expect, want, promise
③ finish, hope, would like
④ agree, choose, dislike
⑤ begin, continue, love

10 다음 밑줄 친 부분이 <u>어색한</u> 것은?

> Ron ① <u>planned</u> ② <u>going</u> ③ <u>to college</u> ④ <u>next year</u>. It's very important ⑤ <u>for him</u>.

college 대학교

11 다음 대화의 빈칸에 알맞은 것은?

> · Don't give up _____ the book.
> · Greg agreed _____ to the museum

① to read - go
② to read - to go
③ reading - go
④ reading - going
⑤ reading - to go

12 우리말을 영어로 바르게 나타낸 것은?

① 배우기 → learn
② 사다 → buying
③ 방문하기 → visit
④ 보내다 → sending
⑤ 소개하기 → introducing

13 다음 중 어법상 어색한 것은?

I promised ① to go to the
amusement park with Mary.
I ② felt tired this morning.
I ③ am sick now. Actually, I mind
④ to go there. But I really want
⑤ to keep the promise!

14 밑줄 친 부분의 쓰임이 올바른 것은?

① Jane enjoyed to eat Korean food.
② Tom practices to play the piano.
③ She wants being a good girl.
④ He decided going to the park.
⑤ I wished to make a robot.

15 다음 빈칸에 알맞은 것을 고르시오.

A : Did you finish _____ the report?
B : No, I didn't. Then I will finish it
soon.

① write
② to write
③ writing
④ wrote
⑤ written

16 우리말과 같은 뜻이 되도록 (   ) 안의 말을 알맞게 배열하시오.

눈 속에서 노는 것은 매우 재미있다.
(in, snow, playing, the)

→ _____ is a lot
of fun.

[17–18] 다음 글을 읽고 물음에 답하시오

> *James* : Did you hear that Kelly and John had a fight?
>
> *Din* : No, I didn't. What happened?
>
> *James* : John avoided ＿＿ⓐ＿＿ Kelly. So Kelly was very upset.
>
> *Din* : Uh oh, I invited both of them to the dinner party tonight.
>
> *James* : ⓑ Seeing him at the dinner party won't be good for Kelly.
>
> *Din* : What should I do?
>
> *James* : Let's think about that.
>
> *Din* : Okay.

[19–20] 다음 글을 읽고 물음에 답하시오.

> Brian is a very good student. So his teachers love ⓐ to have him in their class. Brian ⓑ hopes to become a doctor in the future. ⓒ Becoming a doctor is difficult. Brian will have to study very hard. However, unless he becomes lazy, I think he will be able to do it.

in the future 미래에　unless ~하지 않는다면

19 밑줄 친 ⓐ와 바꿔 쓸 수 있는 알맞은 말을 쓰시오.

　　→ _____

17 밑줄 친 ⓐ에 들어갈 알맞은 것을 고르시오.

① meet
② met
③ meeting
④ was meet
⑤ to meet

18 밑줄 친 ⓑ의 쓰임과 같지 <u>않은</u> 것을 고르시오.

① I enjoy <u>skiing</u>.
② She finished <u>making</u> it.
③ Jenny denied <u>playing</u> with him.
④ Peter is <u>eating</u> lunch.
⑤ Jinny practices <u>playing</u> the piano.

20 밑줄 친 ⓒ와 같은 역할을 하는 것을 고르시오.

① I love <u>meeting</u> her.
② <u>Fixing</u> the radio is not easy.
③ He practiced <u>reading</u> it.
④ Harry started <u>running</u>.
⑤ My pleasure is <u>helping</u> them.

01 다음 중 동명사로 쓰이지 <u>않은</u> 것은?

① <u>Climbing</u> a mountain is not easy.
② I enjoy <u>swimming</u> every morning.
③ Her hobby is <u>cooking</u>.
④ Peter practices <u>speaking</u> French.
⑤ Jimmy is <u>talking</u> with his friends.

French 프랑스어

02 다음 주어진 두 문장의 뜻이 같도록 한 단어로 빈칸을 채워보시오.

I love to decorate my room with dolls.
→ I love _____ my room with
  dolls.

03 다음 문장의 괄호 안에서 알맞은 것에 O표 해보시오.

a. Singing songs (is, are) very fun.
b. He enjoys (to ski, skiing) in winter.

04 다음 빈칸에 알맞은 말은?

He gave up _____ the
question.

① solve
② solved
③ is solved
④ solving
⑤ solve to

05 다음 밑줄 친 부분 중 현재분사를 고르면?

① Everyone calls Jack a <u>walking</u>
  dictionary.
② I want to go to a <u>swimming</u> pool.
③ My family needs a new <u>washing</u>
  machine.
④ The baby is <u>taking</u> a nap in a sleeping
  car.
⑤ She left a message in an <u>answering</u>
  machine.

nap 낮잠

06 주어진 동명사가 우리말과 올바르게 연결되지
<u>않은</u> 것은?

ⓐ washing machine - 식기세척기
ⓑ swimming suit - 수영복
ⓒ waiting list - 대기자 명단
ⓓ sleeping bag - 침낭
ⓔ driving license - 운전면허증

① ⓐ
② ⓑ
③ ⓒ
④ ⓓ
⑤ ⓔ

07 다음 대화의 빈칸에 들어갈 말을 주어진 단어를 사용하여 작성하시오.

> A : Where are you going to travel this summer vacation?
> B : I decided _____ the United States. (travel)

08 다음 대화의 밑줄 친 부분과 같은 것을 고르시오.

> A : What is your goal this year?
>   너의 올해의 목표는 무엇이니?
> B : My goal is to enter the university.
>   나의 목표는 대학에 가는 것이야.

① enters
② entered
③ have entered
④ enter to
⑤ entering

09 다음 보기에서 동명사를 목적어로 가질 수 없는 동사는 몇 개인가?

> | 보기 |
> want / keep / enjoy / hope / agree

① 1개
② 2개
③ 3개
④ 4개
⑤ 5개

10 다음 두 밑줄 친 부분 중 틀린 것을 골라 올바르게 고친 것은?

> Dad : Would you help me do the house chores?
> I : Okay, Can I ⓐ choose washing the dishes?
> Dad : Sorry, son. I am worried because you might break the dishes.
> I : Then, I will ⓑ start cleaning my room.

① ⓐ, choose wash
② ⓐ, choose to wash
③ ⓐ, choose to washing
④ ⓑ, start clean
⑤ ⓑ, start to clean

11 다음 문장의 밑줄 친 부분이 어색한 것은?

① Sam dislikes sweating in summer.
② My mother loves to write letters.
③ He decided meeting his friend in Tokyo.
④ I would like to finish my homework today.
⑤ She practices dancing these days.

sweat 땀을 흘리다

[12–13] 다음 글을 읽고 물음에 답하시오.

> Next Monday, my winter vacation begins.
> I planned to do so many things. First of
> all , I will begin ⓐ learning English. I asked
> Leo, my American friend, to help me
> practice (speak). I am so excited to meet
> him.

12 ⓐ와 바꿔 쓸 수 있는 것은?

① learn
② to learn
③ learned
④ being learned
⑤ to be learned

13 다음 괄호 안에 주어진 동사를 어법에 맞게 고쳐
쓰시오.

speak → _____

[14–15] 다음 글을 읽고 물음에 답하시오.

> *Aaron* : Did you know that Jack and
>   Amy broke up?
> *Kelly* : No, I didn't. Why did they break up?
> *Aaron* : I heard that they had a serious fight.
> *Kelly* : That's why Amy doesn't look
>   good these days.
> *Aaron* : Amy plans ⓐ(leave) Korea and
>   ⓑ(go aborad) to study.
> *Kelly* : ⓒLeaving home would not be easy
>   for her.
> *Aaron* : We should help Amy.
> *Kelly* : Sure.

14 밑줄 친 ⓐ, ⓑ에 들어갈 알맞은 것을 골라보시오.

① to leave, to go abroad
② to leave, going abroad
③ leaving, go abroad
④ leaving, going aborad
⑤ leave, to go abroad

15 밑줄 친 ⓒ와 같은 역할을 하는 것을 골라보시오.

① I love playing games.
② Quitting cigarette is not easy.
③ He practiced jumping.
④ Jinny likes drawing.
⑤ My goal is passing the exam.

16 다음 빈칸에 들어갈 말을 각각 올바르게 고른 것은?

> 눈이 많이 올 때 차를 운전하는 것은 위험하다.
>
> ＿＿＿＿＿＿ in the heavy snow ＿＿＿＿ dangerous.

① Drive, be
② Drive, is
③ Driving, be
④ Driving, is
⑤ Driving, are

17 밑줄 친 부분이 동명사인지 현재분사인지 O표 해 보시오.

> · Sally is brushing her hair now.
>   (동명사, 현재분사)
> · My brother's hobby is collecting cups.   (동명사, 현재분사)

18 다음 중 밑줄 친 부분이 어색한 것은?

① I would like to stay at home.
② She minds to meet him.
③ Ann decided to leave her boyfriend.
④ He promised me to come back.
⑤ You didn't expect to see me there.

[19~20] 다음 글을 읽고 물음에 답하시오.

> Teddy loves classic music. Among many artists, his favorite artist is Mozart. Teddy wanted ⓐ(visit) Austria, where Mozart was born. ⓑTraveling Austria will be a lot of fun.

19 ⓐ의 괄호 안의 단어를 알맞은 형태로 바꾸시오.

ⓐ visit → ＿＿＿＿＿＿＿＿

20 밑줄 친 ⓑ와 같은 역할을 하는 것을 골라보시오.

① I love walking around the park.
② Choosing a wedding date is not easy.
③ The best exercise for you is running.
④ Hannah started cooking.
⑤ My pleasure is reading books.

Chapter 4

분사

Unit 1 현재 분사
Unit 2 과거 분사
Unit 3 감정을 나타내는 분사

UNIT 1

현재분사

분사란?
분사란 동사와 형용사의 성질을 함께 가지고 있는 말로서 현재 분사와 과거 분사가 있다.

1 현재분사

형태: 동사 원형 + ing

서술적 용법과 한정적 용법의 두 가지가 있다.

ⓐ 서술적 용법

현재분사는 be동사와 함께 진행형을 만든다.

ex. **A girl is swimming.** 한 소녀가 수영하고 있는 중이다.

ⓑ 한정적 용법

우리말로는 '~하고 있는, ~하는'의 뜻을 가진다.

• 현재 분사가 명사의 앞에 와서 형용사 역할을 한다.

a smiling **girl** 미소 짓고 있는 소녀
미소 짓고 있는   소녀

• 명사 뒤에 목적어나 수식어구가 따라와서 길어질 때는 현재분사가 명사의 뒤에 온다.

the shining	sun	–	빛나는 태양
the sun	shining	in the sky	하늘에서 빛나는 태양
태양	빛나는	하늘에서 (수식어구)	

A 기초 TEST

정답 및 해설 **p.14**

다음 영어를 우리말로 옮겨 보자.

1 a sleeping cat   *잠자는 (잠자고 있는) 고양이*

2 a crying baby

3 a rolling stone

4 barking dogs

5 a twinkling star

다음 주어진 단어를 이용하여 우리말을 영어로 옮겨 보자.

1 날아가고 있는 새   a   *flying*   bird (fly)

2 몇 송이의 피어나는 장미들   some   roses (bloom)

3 떨어지는 빗방울들   raindrops (fall)

4 흐르는 물   water (flow)

5 떠오르는 달   the   moon (rise)

---

roll 구르다   **bark** 짖다   **twinkle** 반짝이다   **bloom** (꽃)이 피다   **raindrop** 빗방울   **fall** 떨어지다
flow 흐르다   **lie** 눕다

다음 영어를 우리말로 옮겨 보자.

1 a singer standing on the stage 　무대 위에 서 있는 가수

2 a monkey riding a bike

3 a woman playing the violin

4 a girl chatting with my son

5 a baby playing with a toy

주어진 단어를 이용하여 우리말을 영어로 옮겨 보자.

1 크게 말하는 남자 　　*a man*　*speaking*　loud (speak)

2 사과를 그리고 있는 화가 　　apples (draw)

3 TV를 보고 있는 사람들 　　TV (watch)

4 나의 차를 세차하는 소년 　　my car (wash)

5 주스를 마시고 있는 소녀 　　juice (drink)

painter 화가　　draw 그리다

다음 중 우리말에 알맞은 것을 골라 보자.

1 버스를 기다리고 있는 사람들

(waiting people for a bus, people waiting for a bus)

2 춤추는 어릿광대

(a dancing clown, a clown dancing)

3 천장에 앉아 있는 모기

(a mosquito sitting on the ceiling, a sitting on the ceiling mosquito)

4 노래하는 참새들

(singing sparrows, sparrows singing)

5 햄버거를 먹고 있는 소년

(an eating boy a hamburger, a boy eating a hamburger)

6 공원에서 놀고 있는 그 아이들

(playing the children at the park, the children playing at the park)

7 전화를 받고 있는 엄마

(answering mom the phone, mom answering the phone)

8 트럭을 운전하고 있는 그의 삼촌

(driving his uncle a truck, his uncle driving a truck)

9 빛나는 태양

(the shining sun, the sun shining)

10 꽃 위를 날아다니는 나비들

(over flowers butterflies flying, butterflies flying over flowers)

clown 어릿광대   mosquito 모기   sparrow 참새   answer 전화 받다   shine 빛나다   butterfly 나비

다음 주어진 단어를 이용하여 우리말에 알맞게 문장을 완성해 보자. (빈칸은 ×표 할 것)

1 모든 살아있는 것들은 아름답다. (live)

All *living* *things* × are beautiful.

2 다리 위를 달리고 있는 트럭을 보아라. (run)

Look at the .

3 그는 거품이 이는 바다를 항해하고 있다. (foam)

He is sailing through the .

4 이메일을 보내고 있는 소년은 나의 남동생이다. (send)

The is my brother.

5 한 마리 노래하는 새가 나무위에 있다. (sing)

A is on the tree.

6 나는 차 아래에 숨어 있는 한마리 쥐를 발견했다. (hide)

I found a .

7 선생님이 게임을 하고 있는 학생을 가르쳤다. (play)

The teacher pointed the .

8 Jack은 구석에서 살금살금 기어가는 거미를 잡았다. (creep)

Jack caught a .

9 뉴스를 보고 있던 아빠는 화가 났다. (watch)

got angry.

10 선풍기로부터 (불어)오는 바람이 나를 시원하게 만든다. (come)

The makes me cool.

---

living 살아있는   **thing** 사물, 것   **foam** 거품을 일으키다   **creep** 살금살금 기어가다   **spider** 거미
at the corner 구석에서   **text message** 문자   **wind** 바람   **fan** 선풍기

기본 TEST

정답 및 해설 p.14

다음 주어진 단어를 이용하여 우리말에 알맞게 문장을 완성해 보자. (빈칸은 ×표 할 것)

1 그는 약간의 당근을 먹고 있는 말을 토닥였다. (eat)

He tapped the　　*horse*　　*eating*　　*some carrots*　.

2 나는 불타고 있는 건물을 바라보았다. (burn)

I looked at the　　　　　　　　　　　.

3 비둘기는 빨리 달리는 자전거에 치었다. (run)

A pigeon was run over by the　　　　　　　.

4 그녀는 벤치위에서 졸고 있는 남자를 보았다. (doze)

She saw a　　　　　　　.

5 Jane은 공중에 날아가는 원반을 잡았다. (fly)

Jane caught a　　　　　　　.

6 그는 우는 아기를 달래고 있다. (cry)

He is soothing a　　　　　　　.

7 문 앞에 앉아 있는 아이는 나의 조카이다. (sit)

The　　　　　　　　　　　　is my nephew.

8 바다 위로 떠오르는 태양을 봐라. (rise)

Look at the　　　　　　　.

9 나는 흐르는 물에 손을 담갔다. (flow)

I dipped my hands in the　　　　　　　.

10 그 코치는 언덕에서 스키타는 소년을 불렀다. (ski)

The coach called the　　　　　　　.

---

tap 토닥이다　pigeon 비둘기　run over 치다　frisbee 원반　in the air 공중에　soothe 달래다
nephew 조카　rise 떠오르다　dip 담그다

Chapter 4 131

UNIT 2 과거 분사

> 🔷 **형태: 동사 원형 + ed (불규칙 변화)**

서술적 용법과 한정적 용법이 있다.

ⓐ 서술적 용법

과거분사는 be동사와 함께 수동태를 만든다.

ex. The window is **broken**. 창문이 깨져 있다.

ⓑ 한정적 용법

우리말로는 '～되어진, ～된'의 뜻을 가진다.

• 명사의 앞에 와서 형용사 역할을 한다.

fallen	leaves	떨어진 나뭇잎들
떨어진	나뭇잎들	

• 명사 뒤에 목적어, 수식어구가 따라와서 길어질 때는 과거 분사가 명사의 뒤에 온다.

fallen	leaves	–	떨어진 나뭇잎들
leaves	fallen	in the backyard	뒷마당에 떨어진 나뭇잎들
나뭇잎들	떨어진	뒷마당에 (수식어구)	

동사변화표 (불규칙변화표)

10번만 큰 소리로 읽어 보자. 저절로 외워진다. ○○○○○ ○○○○○

	동사원형	과거	과거분사
하다	do	did	done
얻다/되다	get	got	got, gotten
주다	give	gave	given
먹다	eat	ate	eaten
타다	ride	rode	ridden
운전하다	drive	drove	driven
부수다, 깨뜨리다	break	broke	broken
보다	see	saw	seen
말하다	speak	spoke	spoken
훔치다	steal	stole	stolen
취하다	take	took	taken
입다	wear	wore	worn
쓰다	write	wrote	written
알다	know	knew	known
떨어지다	fall	fell	fallen
잊다	forget	forgot	forgotten
팔다	sell	sold	sold
말하다	tell	told	told
노래하다	sing	sang	sung
마시다	drink	drank	drunk

동사변화표 (불규칙변화표)

10번만 큰 소리로 읽어 보자. 저절로 외어진다. ○○○○○ ○○○○○

	동사원형	과거	과거분사
그리다	draw	drew	drown
사다	buy	bought	bought
가져오다	bring	brought	brought
잡다	catch	caught	caught
가르치다	teach	taught	taught
빌려주다	lend	lent	lent
보내다	send	sent	sent
짓다	build	built	built
잃어버리다	lose	lost	lost
듣다	hear	heard	heard
만들다	make	made	made
발견하다	find	found	found
말하다	say	said	said
매달다	hang	hung	hung
자르다	cut	cut	cut
다치게 하다	hurt	hurt	hurt
두다	put	put	put
읽다	read	read	read

동사의 불규칙변화표이다. 빈칸을 채워 보자.

	동사원형	과거	과거분사
하다	do	*did*	*done*
얻다/되다	get		
주다	give		
먹다	eat		
타다	ride		
운전하다	drive		
부수다, 깨뜨리다	break		
보다	see		
말하다	speak		
훔치다	steal		
취하다	take		
입다	wear		
쓰다	write		
알다	know		
떨어지다	fall		
잊다	forget		
팔다	sell		
말하다	tell		
노래하다	sing		
마시다	drink		

동사의 불규칙변화표이다. 빈칸을 채워 보자.

	동사원형	과거	과거분사
그리다	draw	*drew*	*drown*
사다	buy		
가져오다	bring		
잡다	catch		
가르치다	teach		
빌려주다	lend		
보내다	send		
짓다	build		
잃어버리다	lose		
듣다	hear		
만들다	make		
발견하다	find		
말하다	say		
매달다	hang		
자르다	cut		
다치게 하다	hurt		
두다	put		
읽다	read		

C 기초 TEST

정답 및 해설 **p.15**

다음 영어를 우리말로 옮겨 보자.

1 a lost bag   *잃어버린 가방*

2 a broken glass

3 a used car

4 a locked door

5 a dried fish

주어진 단어를 이용하여 우리말을 영어로 옮겨 보자.

1 주차된 차   a   *parked*   car (park)

2 도둑맞은 지갑   the   wallet (steal)

3 장식된 케익   cake (decorate)

4 불 타버린 집들   houses (burn)

5 볶아진 콩들   beans (roast)

---

broken 깨진   **used** 중고의, 사용된   **lock** 잠그다   **dried** 말린   **park** 주차하다   **decorate** 장식하다
burn 불타다   **roast** 굽다, 볶다   **bean** 콩

다음 영어를 우리말로 옮겨 보자.

1 a ring found in the closet

온장에서 발견된 반지

2 an airplane left for America

3 a boy called Peter

4 some money earned for 2 years

5 a blanket sent by Jack

다음 주어진 단어를 이용하여 우리말을 영어로 옮겨 보자.

1 프랑스에서 찍은 사진들   the   *photos*   *taken*   in France (take)

2 그 소식에 충격받은 남자   a   by the news (shock)

3 그들에게 보여진 그림 하나   a   to them (show)

4 엄마에 의해 만들어진 커피   the   by mom (make)

5 어제 개봉된 영화   a   yesterday (release)

closet 옷장   earn (돈을) 벌다   blanket 담요   shock 충격을 주다   release 개봉하다   movie 영화(=film)

다음 중 알맞은 것을 골라 보자.

1 사거리에서 충돌한 자동차들

(cars crashed on the crossroad , crashed cars on the crossroad)

2 소금에 절여진 고기

(the meat salted, the salted meat)

3 벤에 의해서 작곡된 음악

(the music composed by Ben, the composed music by Ben)

4 기쁨으로 채워진 그의 가슴

(his heart filled with joy, his filled heart with joy)

5 멋있게 웨이브된 그녀의 머리

(her hair waved nicely, waved her hair nicely)

6 녹슨 자전거

(the stained bike, the bike stained)

7 불법으로 복사된 음악

(the music copied illegally, the copied music illegally)

8 오래 동안 잊혀진 이름

(the forgotten name for a long time, the name forgotten for a long time)

9 무릎이 찢어진 청바지

(the torn jeans at the knee, the jeans torn at the knee)

10 재활용된 병

(a recycled bottle, a bottle recycled)

---

crossroad 사거리   meat 고기   salt 소금에 절이다   compose 작곡하다   heart 심장(가슴)
fill with ~로 채우다   joy 기쁨   wave 물결치다   stain 녹이 슬다   copy 복사하다
illegally 불법적으로   tear 찢다 (tore-torn)   knee 무릎   recycle 재활용하다

다음 주어진 단어를 이용하여 우리말에 알맞게 문장을 완성해 보자. (빈칸은 ×표 할 것)

1 Bill은 바람에 의해서 떨어진 꽃잎들을 쓸었다. (fall)

Bill swept _____ the petals _____ fallen _____ by wind _____ .

2 그녀는 올해에 출판된 그의 소설을 샀다. (publish)

She bought _____ _____ _____ .

3 그는 고장난 진공청소기를 고쳤다. (break)

He fixed the _____ .

4 천장에 매달린 선풍기가 위험해 보인다. (hang)

The _____ looks dangerous.

5 나는 벽 위에 써진 낙서들을 지웠다. (write)

I erased the _____ .

6 엄마의 파마한 머리는 이상해 보였다. (perm)

Mom's _____ looked strange.

7 그녀는 삭제된 파일들을 복구했다. (delete)

She restored the _____ .

8 우리는 눈으로 덮인 지붕들을 바라보았다. (cover)

We looked at the _____ .

9 그는 길 위에 버려진 깡통을 찼다. (leave)

He kicked a _____ .

10 나의 눈에 들어간 어떤 것이 나를 피곤하게 만들었다. (get)

_____ made me tired.

---

petal 꽃잎   vacuum(cleaner) 진공청소기   publish 출판하다   fan 선풍기   from the ceiling 천장에
hang 매달리다   scribble 낙서, 낙서하다   wave 물결치다   delete 삭제하다   restore 복구하다
cover 덮다   roof 지붕   something 어떤것   get in ~에 들어가다

다음 주어진 단어를 이용하여 우리말에 알맞게 문장을 완성해 보자. (빈칸은 ×표 할 것)

1 나는 그 파티에 초대받은 소년을 안다. (invite)

I know the _____ *boy* _____ *invited* _____ *to the party* _____ .

2 그는 식은 커피를 마셨다. (cool)

He drank the _____ .

3 나에게 두 번 전화가 끊어지는 일(끊어진 전화)이 있었다. (drop)

I had two _____ .

4 그녀는 그와 함께 가 버린 기차를 바라보았다. (go)

She looked at the _____ .

5 그 남자는 도둑에 의해서 열려진 창문을 닫았다. (open)

The man closed the _____ .

6 선생님은 화이트보드 위에 써진 글씨들을 지웠다. (write)

The teacher erased the _____ .

7 그의 면도한 얼굴이 깨끗하다. (shave)

His _____ is clean.

8 그는 안으로(부터) 잠긴 문을 열수 있다. (lock)

He can open the _____ .

9 그는 잊혀진 기억을 다시 떠올렸다. (forget)

He reminded the _____ .

10 많은 사람들로 붐비는 뉴욕은 복잡하다. (crowd)

_____ is complex.

---

cool 식다   drop call 전화를 끊다   thief 도둑   letter 글씨   white board 화이트보드   shave 면도하다
from inside 안으로(부터)   memory 기억   remind 상기하다   crowded with ~로 붐비다   complex 복잡한

밑줄친 분사의 종류를 고르고 알맞은 것을 골라 보자.

1 The refrigerator (repairing, repaired) yesterday doesn't work.　　(현재분사, 과거분사)

어제 수리된 냉장고가 작동하지 않는다.

I know the technician (repairing, repaired) cars.　　(현재분사, 과거분사)

나는 차를 수리하고 있는 기술자를 알고 있다.

2 He watched the (burning, burnt) firewood.　　(현재분사, 과거분사)

그는 타고 있는 장작을 지켜보았다.

The (burning, burnt) firewood is useless.　　(현재분사, 과거분사)

타 버린 장작은 소용이 없다.

3 She poured the (boiling, boiled) water into the bowl.　　(현재분사, 과거분사)

그녀는 끓는 물을 사발에 따랐다.

We drink the (boiling, boiled) water.　　(현재분사, 과거분사)

우리는 끓인 물을 먹는다.

4 Mom used some (chopping, chopped) onions.　　(현재분사, 과거분사)

엄마는 약간의 다진 양파를 사용했다.

The woman (chopping, chopped) onions is Jane.　　(현재분사, 과거분사)

양파를 다지고 있는 여자는 Jane이다.

5 Jack likes (steaming, steamed) dishes.　　(현재분사, 과거분사)

Jack은 김이 나는 요리를 좋아한다.

Jack likes (steaming, steamed) potatoes.　　(현재분사, 과거분사)

Jack은 찐 감자들을 좋아한다.

---

technician 기술자　　burn 타다　　useless 소용이 없는　　pour 따르다　　chop 다지다　　steam 김이나다, 찌다

밑줄친 분사의 종류를 고르고 주어진 동사를 이용하여 우리말에 알맞게 문장을 완성해 보자.

1 The building ___*rebuilt*___ last year is wonderful. (rebuild)　　(현재분사, (과거분사))
작년에 다시 지어진 건물은 멋지다.

2 The mountain _____ with snow looked nice. (cover)　　(현재분사, 과거분사)
눈으로 덮여진 그 산이 멋있게 보였다.

3 I know the girl _____ on the ice. (skate)　　(현재분사, 과거분사)
나는 빙판 위에서 스케이트 타고 있는 그 소녀를 안다.

4 She called out the boy _____ fallen leaves. (rake)　　(현재분사, 과거분사)
그녀는 낙엽을 긁어 모으고 있는 소년을 불렀다.

5 I ate some pork _____ on the grill. (roast)　　(현재분사, 과거분사)
나는 석쇠에서 구워진 약간의 돼지고기를 먹었다.

6 Jane told me in a _____ voice. (shake)　　(현재분사, 과거분사)
Jane이 떨리는 목소리로 나에게 말했다.

7 Did you meet the man _____ for you? (wait)　　(현재분사, 과거분사)
너를 기다리는 남자를 만났니?

8 We went towards the bridge _____ by flood. (break)　　(현재분사, 과거분사)
우리는 홍수에 의해 부서진 다리를 향해 갔다.

9 The boy _____ a sandwich is my child. (eat)　　(현재분사, 과거분사)
샌드위치를 먹고 있는 소년은 나의 아이이다.

10 I put some hair _____ by mistake into the trash box. (cut)　　(현재분사, 과거분사)
나는 실수로 잘린 약간의 머리카락을 쓰레기통에 담았다.

---

rake 긁어모으다　　grill 석쇠　　roast 굽다　　pork 돼지고기　　shake 흔들다, 떨다　　flood 홍수
trash box 쓰레기통

다음 주어진 단어를 이용하여 우리말에 알맞게 문장을 완성해 보자.

1 I know the *boy* *standing* at the bank. (stand)

나는 은행에 서있는 소년을 안다.

2 He found _____ with dust. (coat)

그는 먼지로 덮힌 그의 차를 발견했다.

3 They swim in the _____ with clean water. (fill)

그들은 깨끗한 물로 채워진 수영장에서 수영한다.

4 I watched a _____ on my knee. (sit)

나는 내 무릎 위에 앉아있는 잠자리를 지켜보았다.

5 I swept the _____ by Jane. (spill)

나는 Jane 에 의해 엎질러진 커피를 닦았다.

6 It is the lowest _____ in Seoul. (record)

그것은 서울에서 기록된 가장 낮은 온도이다.

7 She picked up the _____ by her baby. (tear)

그녀는 그녀의 아기에 의해 찢어진 편지를 집어 들었다.

8 He deciphered a _____ in number. (write)

그는 숫자로 써진 메모 하나를 해독했다.

9 The police officer stopped the _____ in high gear. (drive)

경찰관이 과속으로 달리는 차를 멈춰 세웠다.

10 I was embarrased by the _____ between buildings. (fall)

나는 건물들 사이로 떨어지는 간판에 당황했다.

---

dust 먼지   coat 덮다   spill-spilt-spilt 엎지르다   the lowest 가장 낮은   temperature 온도
record 기록하다   tear-tore-torn 찢다   decipher 해독하다   in high gear 과속으로   sign board 간판

D 실력 TEST

다음 주어진 단어를 이용하여 우리말에 알맞게 문장을 완성해 보자.

1 The _old man_ _sitting_ on the bench is my grandfather. (sit)

벤치위에 앉아있는 노인은 나의 할아버지이다.

2 They ran on the _____ with grass. (cover)

그들은 잔디로 덮인 운동장 위를 달렸다.

3 I watched the _____ toward the south. (fly)

나는 남쪽으로 날아가고 있는 기러기들을 지켜보았다.

4 Tom sent her a _____ with candies. (fill)

Tom은 그녀에게 사탕으로 채워진 볼(사발) 하나를 보냈다.

5 These _____ in 1900s look old-fashioned. (build)

1900년대에 지어진 이 빌딩들은 구식으로 보인다.

6 Do you know the _____ a ball? (kick)

너는 공을 차고 있는 소년을 아니?

7 We picked up some _____ under the tree. (fall)

우리는 나무 아래에 떨어진 약간의 사과들을 주웠다.

8 Jane keeps a _____ 'Tori'. (call)

Jane은 'Tori'라고 불리는 개를 기른다.

9 The _____ popcorn is my little sister. (eat)

Popcorn을 먹고 있는 소녀가 내 여동생이다.

10 This is the _____ by J.J.Lee. (found)

이곳이 J.J.Lee에 의해서 설립된 회사이다.

ground 운동장   **wild goose** 기러기(복수: geese)   **bowl** 볼(사발)   **old-fashioned** 구식인   **found** 설립하다

UNIT 3 감정을 나타내는 분사

🟦 감정을 나타내는 현재분사와 과거분사

감정을 나타내는 현재분사나 과거분사가 문장에서 보어로 쓰일 때, 주어가 감정을 주는(유발하는) 경우는 현재분사를 쓰고, 주어가 스스로 감정을 느끼는(받는) 경우는 과거분사를 쓴다.

ex. The movie is <u>boring</u>. 그 영화는 지루하다.
　　　　　　　현재분사 (보어)

　　I was <u>bored</u>. 나는 지루했다.
　　　　과거분사 (보어)

감정을 나타내는 현재분사나 과거분사 (예시)

현재분사 (~ing)		과거분사 (~ed)	
감정을 주는		감정을 느끼는 (받는)	
boring	지루한	bored	지루해진
exciting	흥분시키는	excited	흥분한
interesting	흥미로운	interested	흥미를 느끼는
shocking	충격적인	shocked	충격받은
surprising	놀라운	surprised	놀란
tiring	피곤하게 하는	tired	피곤한
amazing	놀라운	amazed	놀란
confusing	혼란스럽게 하는	confused	혼란스러운
disappointing	실망시키는	disappointed	실망한
satisfying	만족스럽게 하는	satisfied	만족스러운

Tip! 반드시 그런 것은 아니지만 이 단계에서는 주어가 사물일 경우는 사물이 감정을 유발시키는 것이므로 현재분사(~ing)가 오고, 주어가 사람일 경우는 ~한 감정을 받아서 느끼므로 과거분사(~ed)가 온다고 생각하면 쉽다.

A 기초 TEST

정답 및 해설 p.16

다음 중 알맞은 것을 골라 보자.

1 He is (exciting, excited).
The video game is (exciting, excited).

2 The news was (shocking, shocked).
I was (shocking, shocked).

3 She is (tiring, tired).
Her co-worker is (tiring, tired), too.

4 The music was (boring, bored).
Mom was (boring, bored) now.

5 My uncle got (interesting, interested) in the book.
The comic book is (interesting, interested).

6 Billy looks (satisfying, satisfied) with his work.
His boss is (satisfying, satisfied) with Billy.

7 The idea sounds (surprising, surprised).
The boy was (surprising, surprised) at a stranger.

8 The result seems (disappointing, disappointed).
Dad is (disappointing, disappointed).

9 Nancy was (amazing, amazed).
Her thinking is (amazing, amazed).

10 His speech was (confusing, confused).
He was (confusing, confused).

---

co-worker 동료   sound ~처럼 들리다   result 결과   seem ~인 것 같다   speech 연설

다음 중 알맞은 것을 골라 보자.

1 She is (surprising, surprised) at the news.

2 The lecture is (boring, bored).

3 The fact is (exciting, excited).

4 I am (satisfying, satisfied) with my job.

5 His opinion was very (interesting, interested).

6 He is (amazing, amazed) at the sight.

7 We were a little (confusing, confused) at that time.

8 The article was (shocking, shocked).

9 You look very (tiring, tired).

10 His story is not (surprising, surprised) at all.

11 Jane is (interesting, interested) in music.

12 The road signs are really (confusing, confused).

13 Jane was (satisfying, satisfied) with her grade.

14 Tom was very (exciting, excited) at first.

15 Everyone was (boring, bored) at the concert.

lecture 강의   opinion 의견   article 기사   at all 전혀   grade 성적   at first 처음에는

우리말에 알맞게 문장을 완성해 보자.

1 The trip may be _____*tiring*_____.
그 여행은 피곤할지도 모른다.

2 Her artwork is a little _____.
그녀의 예술 작품은 약간 놀라웠다.

3 He is _____ about the rumor.
그는 그 소문에 흥분되었다.

4 She is _____ by his change.
그녀는 그의 변화에 혼란스러웠다.

5 Ann is not _____ with her look.
Ann은 그녀의 외모에 만족하지 않는다.

6 I felt _____ these days.
나는 요즈음 지루하다고 느꼈다.

7 Jane was very _____ by his sudden death.
Jane은 그의 갑작스러운 죽음에 충격을 받았다.

8 Everyone is _____ in the air-pollution.
모든 사람이 공기 오염에 대해 관심이 있다.

9 My success is very _____.
나의 성공은 매우 만족스럽다.

10 The invention was _____.
그 발명품은 실망스러웠다.

---

rumor 소문 look 외모 these days 요즈음 sudden 갑작스러운 death 죽음
air-pollution 공기 오염 invention 발명품

우리말에 알맞게 문장을 완성해 보자.

1 The design is very _satisfying_ .

그 디자인은 매우 만족스럽다.

2 I was _____ at her reaction.

나는 그녀의 반응에 실망스러웠다.

3 Dad is a _____ at my grade.

아빠는 나의 성적에 대해 놀라워 하신다.

4 The sales were a little _____ .

매출은 다소 실망스러웠다.

5 The principal's teaching is _____ every time.

교장 선생님의 가르침은 매 번 지루하다.

6 He is _____ by her action.

그는 그녀의 행동에 충격을 받았다.

7 Adults are _____ in gold price.

어른들은 금 시세에 관심이 있다.

8 Her answer was _____ to me.

그녀의 대답은 나에게 충격적이었다.

9 Kate's decision is sometimes _____ for me.

kate의 결정은 가끔 나에게 혼란스럽다.

10 We are _____ with the quality.

우리는 그 품질에 만족한다.

---

reaction 반응   principal 교장 선생님   action 행동   adult 어른   gold price 금 시세(가격)
decision 결정   quality 질, 품질

[01–03] 다음 빈칸에 알맞은 것은?

01

> The teacher showed a map to all the students _____ in this class.

① study
② studies
③ studying
④ studied
⑤ are studying

02

> The noodle _____ by my grandmother tasted great.

① cook
② cooked
③ cooking
④ to cook
⑤ to cooking

noodle 국수

03

> I was very _____ because of the drama.

① shocking
② shocked
③ be shocked
④ to shocking
⑤ shocked to

04 다음 빈칸에 알맞은 것이 차례로 짝지어진 것은?

> · What is the language _____ in Canada?
> · Why is Liz _____ ?

① speaking - crying
② speaking - cried
③ spoken - cried
④ spoken - crying
⑤ speak - crying

05 다음 밑줄친 부분이 현재 분사인 것을 고르시오.

① My hobby is <u>playing</u> baseball.
② She likes <u>listening</u> to music.
③ That is my daughter's <u>sleeping</u> car.
④ I am good at <u>playing</u> the violin.
⑤ The <u>smiling</u> baby is my nephew.

06 밑줄친 부분을 우리말로 옮기시오.

> <u>The dancing girls</u> are all Koreans.

→ _____

[07–09] ( ) 안의 단어를 알맞은 형태로 바꾸어 빈칸을 채우시오.

07

_____ meat will last for months. (freeze)

→ _____

freeze 얼다 (freeze–froze–frozen)   last 지속되다
for months 몇 달 동안

08

Tom was _____ softly by himself. (whistle)

→ _____

whistle 휘파람을 불다   by himself 그 혼자서

09

I bought a nice handbag _____ in Italy. (make)

→ _____

10 다음 중 밑줄 친 부분의 용법이 다른 하나는?

① He is still <u>watching</u> TV.
② What is your <u>swimming</u> suit?
③ I know the woman <u>cooking</u> dinner.
④ The student <u>calling</u> my name is Mike.
⑤ Look at the <u>barking</u> dog.

11 다음 두 문장이 같은 뜻이 되도록 한 단어로 빈칸을 채우시오.

The boy is my son. He is wearing a blue jeans.
= The boy _____ a blue jeans is my son.

blue jeans 청바지

12 다음 빈칸에 알맞은 것이 차례로 짝지어진 것은?

· Nancy was _____ by an accident yesterday.
· The photos are _____ by Frank.

① injure - taking
② injured - took
③ injured - taken
④ injuring - took
⑤ injuring - taken

injure 상처를 입히다   accident 사고   photo 사진

13 다음 밑줄 친 부분 중 어색한 것으로 짝지은 것은?

> • ⓐ That child ⓑ read ⓒ in the bench ⓓ is American.
> • (a) This (b) is (c) very (d) surprised story.

① ⓐ — (b)
② ⓐ — (d)
③ ⓑ — (b)
④ ⓑ — (d)
⑤ ⓓ — (d)

14 다음 밑줄 친 부분 중 어법상 잘못된 것은?

> I am ① interested in singing songs. But I am not good at ② singing. I want to be a singer, so I decided to ③ practice everyday. I have a friend ④ working in the famous studio. She will help me. I am so ⑤ exciting to start a new life.

15 다음 중 동사변화가 바르게 표기된 것을 고르면?

> ⓐ draw - drew - drew
> ⓑ catch - caught - caught
> ⓒ hang - hung - hang
> ⓓ hurt - hurt - hurt
> ⓔ fall - fell - fell

① ⓐ, ⓑ
② ⓑ, ⓓ
③ ⓒ, ⓓ
④ ⓒ, ⓔ
⑤ ⓓ, ⓔ

16 우리말과 같은 뜻이 되도록 ( ) 안의 단어를 배열 하시오.

> 그는 토스터에서 구운 빵을 좋아한다.
> (the, bread, toaster, the, in, toasted)

→ He likes _____

_____ .

[17–18] 다음 대화를 읽고 물음에 답하시오.

> *Harry* : Hi, Jack!
> *Jack* : Hi, Harry! What are you ⓐ doing?
> *Harry* : I am ⓑ sweeping all the leaves
> 　　　　(a) (fall) on my lawn.
> *Jack* : You are ⓒ working very hard. Don't
> 　　　　you need a break?
> *Harry* : No, I'm alright. My dad is
> 　　　　ⓓ watched me. I want
> 　　　　ⓔ to impress him.
> *Jack* : Well, don't strain yourself too much.
> *Harry* : I won't. See you later!

impress 감동시키다　　strain 긴장시키다

17 (a)를 바르게 고친 것은?

　① fell
　② fall
　③ fallen
　④ be fallen
　⑤ be falling

18 밑줄 친 ⓐ~ⓓ 중에서 어법상 어색한 것은?

　① ⓐ
　② ⓑ
　③ ⓒ
　④ ⓓ
　⑤ ⓔ

[19–20] 다음 글을 읽고 물음에 답하시오.

> I went to a concert tonight with my
> friend Anna. One of the girls ⓐ (perform)
> on the stage was my friend, Jane. I saw
> her playing her violin there. The music
> was very beautiful. ⓑ Anna and I enjoyed
> it very much and were satisfying with it.

19 밑줄 친 ⓐ에 알맞은 말을 (　) 안의 단어를 바꾸어 바르게 적으시오.

　　→ ＿＿＿＿＿＿＿＿＿

20 밑줄 친 ⓑ 문장에서 어법상 맞지 <u>않은</u> 부분을 찾아 바르게 고치시오.

　＿＿＿＿＿＿　→　＿＿＿＿＿＿

01 다음 빈칸에 들어갈 말로 알맞은 것은?

> At the party, she saw a _____ girl.

① dance
② dancing
③ dances
④ to dance
⑤ danced

02 다음 빈칸에 들어갈 말로 알맞은 것은?

> · The gold crown is _____.
> · The thief _____ the gold crown.

crown 왕관

① stole - stole
② stole - steals
③ stolen - stole
④ stolen - stolen
⑤ stealing - stolen

03 우리말과 같은 뜻이 되도록 괄호 안의 단어를 배열하시오.

> My girlfriend is Chinese. So I sent her _____ .
> (in Chinese, written, a letter)

나의 여자 친구는 중국인이다. 그래서 나는 그녀에게 중국어로 쓴 편지를 보냈다.

[04–05] 괄호 안의 단어를 알맞은 형태로 바꾸어 빈칸을 채우시오

04

> The snowman _____ yesterday will melt soon. (make)

05

> The black dog is _____ around the park. (walk)

06 다음 밑줄 친 부분 중 어법상 잘못된 것은?

I like ① watching movies. Movies are ② interested, and sometimes sad. I want to be a movie star in the future.
My dream will ③ come true, so I have to practice every day.
My uncle ④ working in the famous movie studio will help me. I am so ⑤ excited to visit the studio next Saturday.

07 다음 문장을 우리말로 옮기시오.

The running man is wearing a red shirt. → _____
빨간 셔츠를 입고 있다.

08 다음 우리말에 맞게 괄호안의 단어를 바꾸어 써 넣으시오.

I was _____ to hear the news.
(excite) 나는 그 소식을 듣고 흥분했다.

09 다음 중 밑줄 친 부분이 현재 분사인 것 두 개를 고르면?

① Mom is trying to soothe the crying baby.
② His hobby is collecting the coins.
③ It is my brother's sleeping bag.
④ I like chatting on the phone.
⑤ The laughing woman is my aunt.

soothe 달래다 collect 수집하다 on the phone 전화로

10 다음 중 동사변화가 바르게 표기된 것을 고르면?

ⓐ write – wrote – written
ⓑ sing – sang – song
ⓒ take – took – taken
ⓓ wear – wore – wore
ⓔ fall – fell – fell

① a, b
② b, d
③ a, c
④ c, d
⑤ c, e

11 다음 문장 중 어법상 맞지 <u>않은</u> 부분을 바르게 고치시오.

I was disappointing to leave home and my family.

_____ → _____

[12–13] 다음 대화를 읽고 물음에 답하시오

> *Angela* : Hi, *Ron*!
> *Ron* : Hello, Angela!
>   What are you ⓐ doing?
> *Angela* : I am ⓑ looking for my dog
>   (a)(lose) this morning.
> *Ron* : Really? You look very ⓒ worrying.
> *Angela* : Yes, I am very ⓓ worried about
>   my dog.
> *Ron* : Wait, I remember a white small
>   dog ⓔ barking in the park.
> *Angela* : Maybe it was my dog. Let's go
>   to find him!

12 (a)를 바르게 고친 것은?

① lose

② losing

③ was losing

④ was lost

⑤ lost

13 밑줄 친 ⓐ~ⓔ중에서 어법상 어색한 것은?

① ⓐ

② ⓑ

③ ⓒ

④ ⓓ

⑤ ⓔ

[14–15] 다음 대화를 읽고 물음에 답하시오

> Today, I watched the movie 'Thunder'
> with my friend Jack. One of the actors
> ⓐ (play) on the movie was my favorite
> movie star. Jack and I saw him saving
> the city from the monsters. He was
> amazing. ⓑ Jack and I were satisfying
> because the movie was very interesting.

14 밑줄 친 ⓐ에 알맞은 말을 괄호 안의 단어를 바꾸어
바르게 적으시오.

→ _____

15 밑줄 친 ⓑ문장에서 어법상 맞지 않은 부분을 찾아
바르게 고치시오.

_____ → _____

16 다음 중 어법상 옳지 <u>않은</u> 것은?

① a man standing at the bus stop

② singing birds in the forest

③ a dog barking by the tree

④ a girl studying in the library

⑤ The baby crying in my room

17 다음 문장을 올바르게 해석한 것은?

> Monet is famous for drawing
> water lily.

water lily 수련

① 모네는 유명하다.

② 모네는 수련을 그렸기 때문에 유명해졌다.

③ 모네는 수련을 자주 그렸다.

④ 모네의 수련 작품은 유명하다.

⑤ 모네는 수련을 그린 것으로 유명하다.

18 우리말을 영어로 바르게 옮긴 것을 골라 보시오.

> 전투에서 부상당한 군인들
> (the wounded soldiers in the battle,
> the soldiers wounded in the battle)

[19~20] 다음 글을 읽고 물음에 답하시오.

> Today, we talked about our dreams
> in class. My friend, Shannon wants to
> be a doctor when she grows up. She
> hopes to cure ⓐ <u>injure</u> people. I wish
> to be an architect. My dream is to live
> in ⓑ _____.
> (by, build, the house, me)

19 밑줄 친 ⓐ를 올바르게 고치시오.

ⓐ injure → _____

20 주어진 단어를 활용하여 ⓑ를 바르게 영작하시오.

ⓑ _____

나의 의해서 지어진 집

Chapter 5

UNIT

1

조동사 can / may / must

조동사란?
본동사를 도와 그 의미를 부분적으로 바꾸어 주는 (보)조동사를 말한다. 위치는
동사의 앞에 놓이며, 조동사 다음에는 항상 동사의 원형을 사용한다. 조동사의
종류에는 can, may, must, … 등이 있다.

형태: 조동사 + 동사원형

ex. She **can read** this book. 그녀는 이 책을 읽을 수 있다.
　　　조동사　동사원형

---

1 can

● 능력 / 가능 : ~할 수 있다

ex. He **can** swim for an hour. 그는 1시간 동안 수영을 할 수 있다.

이 때 can은 'be able to'로 바꾸어 쓸 수 있다.(능력)

　　　　　can = be able to

ex. You **can** pass the exam. 너는 그 시험에 합격 할 수 있어.
　　　= You **are able to** pass the exam.

● 허락 : ~해도 좋다

ex. You **can** go now. 너는 지금 가도 좋아.

이 때 can은 may로 바꾸어 쓸 수 있다.

　　　　　can = may

ex. You **can** go home. 너는 집에 가도 좋아.
　　　= You **may** go home.

2 may

● 추측 : ~ 일지도 모른다

ex. It **may** rain tomorrow. 내일 비가 올지도 모른다.

🧊 허락 : ~해도 좋다

ex. You **may** go home. 너는 집에 가도 좋아.

이 때 may는 can으로 바꾸어 쓸 수 있다.

> may = can

ex. You **may** go home. 너는 집에 가도 좋아.
> = You **can** go home.

3 must

🧊 의무 : ~ 해야만 한다

ex. We **must** leave now. 우리는 지금 떠나야만 한다.

이 때 must는 'have to, should'로 바꾸어 쓸 수 있다.

> must
> = have to
> = should

ex. We **must** clean up the classroom. 우리는 교실을 청소해야만 한다.
> = We **have to** clean up the classroom.
> = We **should** clean up the classroom.

Tip! 주어에 따라 have to 또는 has to로 바꾸어 주면 된다.
　ex. You **must** go now. 너는 지금 가야만 해.　= You **have to** go now.
　ex. He **must** go now. 그는 지금 가야야만 해.　= He **has to** go now.

Tip! must > have to > should 순으로 강제성을 지닌다.

🧊 확신 : ~ 임에 틀림없다

ex. She **must** be a lawyer. 그녀는 변호사임에 틀림없다.

정리하면,

	can		may		must
능력/가능	~할 수 있다	추측	~일지도 모른다	의무	~해야만 한다
허락	~해도 좋다	허락	~ 해도 좋다	확신	~임에 틀림없다

A 기초 TEST

보기에서 골라 연결해 보자.

|보기|

A. 허락
B. 의무
C. 확신
D. 추측
E. 능력, 가능

a. must
b. may
c. be able to
d. can
e. should
f. have to

1 ~임에 틀림없다   *C* – *a*

2 ~할 수 있다   ___ – ___ , ___

3 ~해도 좋다   ___ – ___ , ___

4 ~일지도 모른다   ___ – ___

5 ~해야만 한다   ___ – ___ , ___ , ___

다음 중 알맞은 것을 골라 보자. (두 개 가능)

1 Ann (may, can, must) (finishes, finish) the assignment before dinner.

Ann은 저녁식사 전에 그 숙제를 끝마칠 수 있다.

2 We (should, can, may) (keeps, keep) the law.

우리는 법을 지켜야 한다.

3 That shirt (may, must, can) (is, be) expensive.

그 셔츠는 비싼 것임에 틀림없다.

4 Tom and Judy (must, may, have to)(get, gets) in the car now.

Tom과 Judy는 지금 차에 타도 좋다.

5 There (may, must, can) (is, be) somebody in the bathroom.

목욕탕에 누군가 있음에 틀림없다.

6 People (should, may, can) (crosses, cross) at the crosswalk.

사람들은 횡단보도에서 건너야만 한다.

7 His words (may, have to, must) (work, works) great effect.

그의 말이 큰 효과를 볼지도 모른다.

8 Mom (must, may, can) (is, be) very happy about dad's bonus.

엄마는 아빠의 보너스에 매우 행복함에 틀림없다.

9 They (have to, can, may) (go, goes) 100 miles per hour.

그들은 한 시간에 100 마일을 갈수 있다.

10 It (has to, may, can) (rains, rain) for our grass to grow.

우리의 풀이 자라기 위해 비가 내려야만 한다.

---

assignment 숙제   law 법   somebody 누군가   bathroom 목욕탕   crosswalk 횡단보도
effect 효과   per hour 한 시간에

다음 중 우리말에 알맞은 것을 골라 보자. (두 개 가능)

1 I (have to, can, must) exchange her $20 for singles.

나는 그녀의 20달러를 잔돈으로 바꿔 줄 수 있다.

2 You (should, may, can) study harder than now.

너는 지금보다 더 열심히 공부해야만 한다.

3 She (has to, should, may) memorize new words.

그녀는 새로운 단어들을 암기해야만 한다.

4 He (may, must, have to) be with her.

그는 그녀와 함께 있지도 모른다.

5 His guess (can, may, must) be right.

그의 추측이 맞는 것이 틀림없다.

6 You (can, may, must) work on that report now.

너는 그 보고서를 지금 작업해도 좋다.

7 Mom (may, can, must) be upset about my grade.

엄마는 나의 성적에 화가 났음에 틀림없다.

8 You (may, have to, can) look around.

너는 둘러봐도 좋다.

9 We (can, may, should) brush our teeth every morning and night.

우리는 아침저녁으로 우리의 이를 닦아야만 한다.

10 They (must, can, may) be studying together.

그들은 함께 공부하고 있지도 모른다.

---

exchange 교환하다　　single 1달러 지폐, 잔돈　　guess 추측　　look around 둘러보다　　brush 솔질하다

다음 두 문장이 같은 뜻이 되도록 문장을 완성해 보자.

1 He can read the English book. 그는 그 영어책을 읽을 수 있다.

= He _is able to read_ the English book.

2 You must stay here. 너는 여기 머물러야만 한다.

= You here.

= You here.

3 You may take it. 너는 그것을 가져도 좋다.

= You it.

4 We have to get some sleep. 우리는 잠을 좀 자야만 한다.

= We some sleep.

= We some sleep.

5 I can throw a ball 80 meters. 나는 공을 80 미터까지 던질 수 있다.

= I a ball 80 meters.

6 I should keep my word. 나는 나의 약속을 지켜야만 한다

= I my word.

= I my word.

7 You may play in the backyard. 너희들은 뒷마당에서 놀아도 좋다

= You in the backyard.

8 She must make a reservation. 그녀는 예약을 해야만 한다.

= She a reservation.

= She a reservation.

---

throw 던지다　　**keep one's word** ~의 약속을 지키다　　**make a reservation** 예약하다　　**backyard** 뒷마당

다음 주어진 동사를 이용하여 문장을 완성해 보자. (두 개 가능)

1 The teacher   *may check*   their homework. (check)
선생님은 그들의 숙제를 검사할지도 모른다.

2 Jake   a whole steak in 3 minutes. (eat)
Jake는 3분 내에 스테이크 전체를 먹을 수 있다.

3 They   h   the office. (come by)
그들은 그 사무실을 잠깐 들러야만 한다.

4 My father's shoes   very old by now. (be)
나의 아버지의 신발은 지금쯤 매우 낡았음에 틀림없다.

5 The birds   to the island in a month. (fly)
그 새들은 한 달 내에 그 섬으로 날아갈 수 있다.

6 She   out of her mind. (be)
그녀는 제 정신이 아닐지도 모른다.

7 You   Tom with his problem. (help)
너는 Tom이 그의 문제를 해결하도록 도와줘도 좋다.

8 It   very interesting to travel Europe. (be)
유럽을 여행하는 것은 매우 흥미로울 것임에 틀림없다.

9 You   s   to your parents. (listen)
너는 너의 부모님 말씀에 귀를 기울여야만 한다.

10 Laura   m   her lunch to lose her weight. (skip)
Laura는 그녀의 체중을 줄이기 위해 그녀의 점심을 걸러야만 한다.

---

whole 전체   come by 잠깐 들르다   island 섬   out of one's mind 제정신이 아닌   skip 건너뛰다

B 기본 TEST

정답 및 해설 p.17, 18

다음 주어진 동사를 이용하여 문장을 완성해 보자. (두 개 가능)

1 You   *have to do*   your best always. (do)

너는 항상 최선을 다해야만 한다.

2 He   tired. (be)

그는 피곤할지도 모른다.

3 The guard   m   the door at the end of the day. (shut)

경비원은 그 날의 마지막에 문을 잠가야만 한다.

4 You   casual clothes to his graduation. (wear)

너는 그의 졸업식에 평상복을 입어도 좋다.

5 The kid   the cup into the sink. (put)

그 아이는 컵을 싱크대에 넣을 수 있다.

6 She   in bed with flu. (be)

그녀는 독감으로 누워 있는 것임에 틀림없다.

7 They   s   overnight. (work)

그들은 밤새워 일해야만 한다.

8 The food   ready by now. (be)

음식이 지금쯤 준비되었음에 틀림없다.

9 We   m   God always. (thank)

우리는 항상 하나님께 감사해야만 한다.

10 I   it myself. (do)

나는 스스로 그것을 할 수 있다.

---

guard 경비원   shut 잠그다   graduation 졸업   casual cloths 평상복   put into ~에 넣다
sink 싱크대   flu 독감   overnight 밤새도록   by now 지금쯤   myself 나 스스로

1 can의 부정: cannot = can't

무능력/불가능 : ~할 수 없다

ex. He **cannot** pass the exam. 그는 그 시험에 합격 할 수 없어.

이 때 cannot은 'be not able to'로 바꾸어 쓸 수 있다.(무능력)

cannot = be not able to

ex. He **cannot** pass the exam. 그는 그 시험에 합격 할 수 없어.
= He **is not able to** pass the exam.

불허가 : ~하면 안 된다

ex. You **cannot** use my pen. 너는 내 펜을 사용하면 안 돼.

이 때 cannot은 may not으로 바꾸어 쓸 수 있다.

cannot = may not

ex. You **cannot** use my pen. 너는 내 펜을 사용하면 안 돼.
= You **may not** use my pen.

2 may의 부정: may not

부정적 추측 : ~가 아닐지도 모른다

ex. It **may not** rain tomorrow. 내일 비가 오지 않을지도 모른다.

불허가 : ~하면 안 된다

ex. You **may not** go out. 너는 밖에 나가면 안된다.

이 때 **may not**은 **cannot**으로 바꾸어 쓸 수 있다.

> **may not = cannot**

ex. **You may not go out.** 너는 밖에 나가면 안된다.
= You **can not** go out.

3 must의 부정: must not, should not, don't have to

must, should, have to가 긍정문에서는 '~해야만 한다'로 그 뜻이 유사하지만, 부정문에서는 형태도 다르고 뜻도 다르다.

> 🟦 금지 (must not) : ~ 해서는 안 된다

ex. **You must not play the game all day.** 너는 하루 종일 게임을 해서는 안된다.

이 때 **must not**은 **should not**으로 바꾸어 쓸 수 있다.

> **must not = should not**

ex. **You must not leave now.** = You **should not** leave now. 너는 지금 떠나서는 안된다.

> 🟦 불필요 (don't have to) : ~할 필요가 없다

ex. **You don't have to leave now.** 너는 지금 떠날 필요가 없다.

Tip! have (has) to의 부정은 don't (doesn't) have to를 쓴다.
ex. **I don't have to buy a bike.** 나는 자전거를 살 필요가 없다.
He doesn't have to buy a bike. 그는 자전거를 살 필요가 없다.

> 🟦 강한 부정적 추측 (cannot be) : ~일 리가 없다

ex. **It cannot be true.** 그것은 사실일 리가 없다.

*must가 '~임에 틀림없다(확신)'로 사용되었을 때, 그 부정은 'must not'이 아니라 'cannot~'을 사용한다.

정리하면,

	cannot		may not		must not = should not		don't have to	
무능력/불가능	~할 수 없다	부정적 추측	~가 아닐지도 모른다	금지	~해선 안된다	불필요	~할 필요가 없다
불허가	~하면 안된다	불허가	~ 하면 안된다				
강한 부정적 추측	~일 리가 없다						

다음 중 알맞는 것을 골라 보자. (두 개 가능)

1 He (cannot), may not, must not) read without glasses.
그는 안경 없이 읽을 수 없다. (불가능)

2 You (cannot, must not, don't have to) make a mistake.
너는 실수를 해선 안된다. (금지)

3 Sam (cannot, may not, should not) sleep over 5 hours every night.
Sam은 매일 밤 5시간 이상 잠을 잘 수가 없다. (불가능)

4 It (cannot, may not, must not) snow tomorrow.
내일은 눈이 오지 않지도 모른다. (부정적 추측)

5 You (may not, don't have to, must not) go out late at night.
너는 밤늦게 나가면 안된다. (불허가)

6 You (cannot, must not, don't have to) bring your passport.
너는 너의 여권을 챙길 필요가 없다. (불필요)

7 It (cannot, may not, should not) be safe to drink.
그것은 마시기에 안전하지 않을지도 모른다. (부정적 추측)

8 It (cannot, may not, must not) be wrong.
그것이 틀릴 리가 없다. (강한 부정적 추측)

9 You (cannot, may not, must not) play with fire.
너는 불을 가지고 장난을 해선 안된다. (금지)

10 She (cannot, may not, should not) know his news.
그녀는 그의 소식을 알 수가 없다. (불가능)

---

go out 외출하다   **passport** 여권   **play with fire** 불장난하다   **wrong** 틀린

기초 TEST

정답 및 해설 p.18

다음 중 알맞은 것을 골라 보자. (두 개 가능)

1 He (cannot, may not, must not) be in his office.

그는 사무실에 없을지도 모른다. (부정적 추측)

2 You (cannot, don't have to, must not) shut up.

너는 입을 다물 필요가 없다. (불필요)

3 You (cannot, don't have to, may not) go inside.

너는 안으로 들어가면 안된다. (불허가)

4 She (cannot, may not, must not) be sick today.

그녀는 오늘 아플 리가 없다. (강한 부정적 추측)

5 We (cannot, must not, don't have to) eat too much.

우리는 너무 많이 먹어선 안된다. (금지)

6 Kate (cannot, may not, should not) be angry with you.

Kate는 너에 대해 화가 나지 않았을지도 모른다. (부정적 추측)

7 David (is not able to, cannot, may not) be over 20.

David가 20살이 넘었을 리가 없다. (강한 부정적 추측)

8 You (are not able to, may not, don't have to) turn up the volume.

너는 볼륨을 높이면 안된다. (불허가)

9 She (may not, should not, doesn't have to) cook anymore.

그녀는 더 이상 요리할 필요가 없다. (불필요)

10 Students (cannot, must not, should not) drink alcohol.

학생들이 술을 마셔선 안된다. (금지)

---

shut up 입을 다물다   **turn up** 높이다

우리말에 알맞게 주어진 문장의 부정문을 만들어 보자.

1 He can control himself. 그는 그 자신을 통제할 수 있다.

→ He _____ *can't control* _____ himself. 그는 그 자신을 통제할 수 없다.

He is able to control himself.

→ He _____ himself. 그는 그 자신을 통제할 수 없다.

2 You must relax even for a moment. 너는 잠시라도 긴장을 풀어야 한다.

→ You _____ even for a moment. 너는 잠시도 긴장을 풀어선 안 된다.

You should relax even for a moment.

→ You _____ even for a moment. 너는 잠시도 긴장을 풀어선 안 된다.

You have to get nervous even for a moment.

→ You _____ nervous even for a moment.

너는 잠시도 긴장을 할 필요가 없다.

3 She may sing tonight. 그녀는 오늘 밤 노래할지 모른다.

→ She _____ tonight. 그녀는 오늘 밤 노래하지 않을지도 모른다.

4 You can start now. 너는 지금 출발해도 좋다.

→ You _____ now. 너는 지금 출발하면 안된다.

5 Billy must be a spy. Billy는 스파이임에 틀림없다.

→ Billy _____ a spy. Billy는 스파이일리가 없다.

6 You may wear a T-shirt with a round neck. 너는 목이 둥글게 파진 티셔츠를 입어도 좋다.

→ You _____ a T-shirt with a round neck.

너는 목이 둥글게 파진 티셔츠를 입으면 안된다.

---

control 통제하다　　relax 긴장을 풀다　　get nervous 긴장을 하다　　even for a moment 잠시도

우리말에 알맞게 주어진 문장의 부정문을 만들어 보자.

1 You must sit down first.

→ You *must not sit* down first. 너는 먼저 앉아선 안된다.

→ You _____ down first. 너는 먼저 앉아선 안된다.

→ You _____ down first. 너는 먼저 앉을 필요가 없다.

2 It must be a ghost. 그것은 유령임에 틀림없어.

→ It _____ a ghost. 그것은 유령일리가 없어.

3 You may watch the movie. 너는 그 영화를 봐도 좋다.

→ You _____ the movie. 너는 그 영화를 보면 안된다.

→ You _____ the movie. 너는 그 영화를 보면 안된다.

4 She can remember the man's face. 그녀는 그 남자의 얼굴을 기억할 수 있다.

→ She _____ the man's face. 그녀는 그 남자의 얼굴을 기억할 수 없다.

→ She _____ the man's face. 그녀는 그 남자의 얼굴을 기억할 수 없다.

5 You can pay back tomorrow. 너는 내일 갚아도 돼.

→ You _____ back tomorrow. 너는 내일 갚으면 안돼.

→ You _____ back tomorrow. 너는 내일 갚으면 안돼.

ghost 유령   pay back 갚다

다음 주어진 단어를 이용하여 우리말에 알맞게 문장을 완성해 보자. (두 개 가능)

1 You _don't have to close_ the door. (close)
너는 문을 닫을 필요가 없다.

2 He _____ without a cane. (walk)
그는 지팡이 없이 걸을 수 없다.

3 She _____ my present. (like)
그녀는 나의 선물을 좋아하지 않을지도 모른다.

4 I _____ my watch. (fix)
나는 나의 시계를 고칠 수 없다.

5 You _____ an umbrella. (take)
너는 우산을 가져갈 필요가 없다.

6 The baby _____ by himself. (stand)
그 아기는 혼자 서 있을 수 없다.

7 You _____ your time. (waste)
너는 너의 시간을 낭비해선 안된다. (금지)

8 We _____ him up. (wake)
우리가 그를 깨워선 안된다. (금지)

9 Jessica _____ interested in this book. (be)
제시카가 이 책에 관심이 있을 리가 없다.

10 He _____ the ceremony. (attend)
그는 그 의식에 참석할 필요가 없다.

---

cane 지팡이   fix 고치다   waste 낭비하다   attend 참석하다   ceremony 의식

다음 주어진 단어를 이용하여 우리말에 알맞게 문장을 완성해 보자. (두 개 가능)

1 You _must (should) not doze_ off during the lesson. (doze)

너는 수업 중에 졸아선 안된다. (금지)

2 He a suit to the event. (wear)

그는 그 행사에 정장을 입을 필요가 없다.

3 My family to another city. (move)

나의 가족은 다른 도시로 이사 가지 않을지도 모른다.

4 We any food away. (throw)

우리는 어떤 음식도 버려선 안된다. (금지)

5 Wendy up the room today. (tidy)

Wendy는 오늘 방을 정돈할 필요가 없다.

6 He a bad cold. (have)

그는 심한 감기에 걸리지 않았을지도 모른다.

7 I the lyrics. (understand)

나는 그 가사를 이해할 수 없다.

8 You your cell phone in the library. (use)

너는 도서관에서 핸드폰을 사용하면 안된다. (불허락)

9 That answer wrong. (be)

저 답은 틀렸을 리가 없다.

10 Tracy unexpectedly. (worry)

Tracy는 의외로 걱정하지 않을지도 모른다.

---

doze off (꾸벅꾸벅) 졸다 **suit** 정장 **event** 행사 **move to** ~로 이사가다 **tidy** 정리(정돈)하다 **lyric** 가사
unexpectedly 의외로

UNIT 3 can, may, must 의문문

1 can, may

◆ Can 주어 ~? : ~할 수 있니? (능력 / 가능)

ex. **Can** he swim? 그는 수영을 할 수 있니? (수영 할 줄 아니?)

– Yes, he **can**.　　　– No, he **can't**.

Can 주어 ~? = be동사 주어 **able to**~?(능력)

ex. **Is** he **able to** swim?

– Yes, he **is**.　　　– No, he **isn't**.

◆ Can 주어 ~? : ~해도 좋으니? (허락)

ex. **Can I** use your computer? 네 컴퓨터를 좀 사용해도 좋으니?

= **Could I** use your computer? 당신의 컴퓨터를 좀 사용해도 좋을까요?

= **May I** use your computer? 당신의 컴퓨터를 좀 사용해도 좋을까요?

〈긍정〉

– Yes, you can(may).

– Of course. 물론이지.

– Certainly. / Sure. / Okay.

– Why not? 왜 아냐?

– Go ahead. 그러세요.

〈부정〉

– No, you can(may) not. 아니. 하면 안돼.

– No, please not.

– I'm sorry.

Tip! Could I ~/May I ~는 Can I ~보다 정중한 표현이다.

● Can you ~?: ~해 주겠니? (요청, 부탁)

ex. **Can you** open the window? 창문을 열어 주겠니?

= **Could you** open the window? 창문을 열어 주시겠어요?

= **Will you** open the window? 창문을 열어 주겠니?

= **Would you** open the window? 창문을 열어 주시겠어요?

〈긍정〉

- Yes, of course.

- Certainly. / Sure. / Okay.

〈부정〉

- I'd like to, but I can't ~.

- I'm sorry, but I can't ~.

Tip! Would you ~/Could you ~는 Will you ~/Can you ~보다 정중한 표현이다.

2 must

● Must 주어 ~? : ~해야만 하니?

ex. **Must** I go now? 내가 지금 가야만 하니?

- Yes, you **must**.   - No, you **don't have to**.

응, 너는 가야만 해.   아니, 너는 갈 필요가 없어.

● Should 주어 ~? : ~해야만 하니?

ex. **Should** I do it now? 내가 지금 그것을 해야만 하니?

- Yes, you **should**.   - No, you **should not**.

응, 너는 해야만 해.   아니, 너는 하지 말아야 해.

● Do 주어 have to ~? : ~해야만 하니?

ex. **Do** I **have to** go now? 내가 지금 가야만 하니?

- Yes, you **have to**.   - No, you **don't have to**.

- Yes, you **do**.   - No, you **don't**.

응, 너는 가야만 해.   아니, 너는 갈 필요가 없어.

주어진 문장을 우리말로 바꿔 보자.

1 May I call you at 10 p.m?

→ 오후 10시에 *너에게 전화해도 좋을까요* ?

Can(Could) I call you at 10 p.m?

→ 오후 10시에 ?

Can(Could) you call me at 10 p.m?

→ 오후 10시에 ?

Will(Would) you call me at 10 p.m?

→ 오후 10시에 ?

2 Can(Could) I take a picture here?

→ 여기서 사진을 ?

Can(Could) you take a picture here?

→ 여기서 사진을 ?

May I take a picture here?

→ 여기서 사진을 ?

Will(would) you take a picture here?

→ 여기서 사진을 ?

3 Will(would) you bring me a cup of ice water?

→ 나에게 얼음물을 한 컵 ?

May I turn on the air-conditioner?

→ 에어컨을 ?

Can(Could) you turn down the volume?

→ 볼륨을 ?

Can(Could) I try on this cap?

→ 이 모자를 ?

---

take a picture 사진 찍다   **turn down** (소리, 불)을 줄이다   **try on** 입어보다, 써 보다, 신어보다

주어진 문장을 의문문으로 고쳐 보자.

1 I have to get along with my neighbor.

→ *Do I have to get* along with my neighbor?

2 He can do a back-flip into the air.

→ a back-flip into the air?

3 I should wear a helmet.

→ a helmet?

4 She is able to rent a car.

→ a car?

5 We should speak quietly in the subway.

→ quietly in the subway?

6 They have to buy a tube of toothpaste.

→ a tube of toothpaste?

7 I must use that fax machine.

→ that fax machine?

8 He can sleep over at his friend's house.

→ over at his friend's house?

9 All the cars should stop at the red light.

→ at the red light?

10 Bats are able to fly in the dark.

→ in the dark?

---

get along with ~와 잘 지내다 **neighbor** 이웃 **back-flip** 공중제비 **quietly** 조용히 **toothpaste** 치약
fax machine 팩스기 **sleep over** 자고 가다 **bat** 박쥐

다음 중 알맞은 것을 골라 보자. (두 개 가능)

1 (Will/Would, May, Can/Could) (I, you) ask you a favor?

부탁하나 들어 줄래 (주시겠어요)?

2 (Can/Could, May, Will/Would) (I, you) turn up the volume?

소리를 크게 해 줄래 (주시겠어요)?

3 (May, Can, Will/Would) (I, you) sit here?

여기 앉아도 되니 (되나요)?

4 (May, Will/Would, Can/Could) (I, you) tell me your address?

나에게 너의 주소를 알려 줄래 (주시겠어요)?

5 (Will/Would, May, Can/Could) (I, you) drive me my home?

나를 나의 집까지 운전해서 데려다 줄래 (주시겠어요)?

6 (Will/Would, May, Can/Could) (I, you) pay by cheque for $100?

수표로 100불을 지불해도 되니 (되나요)?

7 (Will/Would, May, Can/Could) (I, you) say it again?

다시 그것을 말해 줄래 (주시겠어요)?

8 (Can/Could, May, Will/Would) (I, you) wrap this food?

이 음식을 포장해 줄래 (주시겠어요)?

9 (Can/Could, May, Will/Would) (I, you) use your cell phone for a minute?

잠시동안 너의 휴대전화를 써도 되니 (되나요)?

10 (Can/Could, May, Will/Would) (I, you) hear me out?

내말을 끝까지 들어 줄래 (주시겠어요)?

---

favor 호의   ask a favor 부탁을 하다   turn up (소리, 불) 크게 하다   address 주소   drive A~ A를 차로 ~까지 데려다주다
cheque 수표   again 다시   wrap 포장하다   for a minute 잠시동안   hear out 끝까지 듣다

D 기초 TEST

정답 및 해설 p.19

다음 중 알맞은 것을 골라 보자. (두 개 가능)

1 ((Can/Could), (May), Must) I use this pen?

내가 이 펜을 사용해도 되니 (되나요)?

2 (Can, May, Must) you come home early?

너는 집에 일찍 올 수 있니?

3 (Can, May, Must, Should) I start now?

내가 지금 시작해야만 하니?

4 (Can, May, Must) Tom drive a car?

Tom은 차를 운전 할 줄 아니?

5 (Can/Could, Will/Would, Must) you fill out this form?

너는 이 서식을 기입해 주겠니 (주시겠어요)?

6 (Can, Should, May, Must) I pay in advance?

내가 미리 지불해야만 하니?

7 (Can, May, Must) you bring your friend?

너는 네 친구를 데려올 수 있니?

8 (Can/Could, May, Must) I have a window seat?

내가 창가쪽 자리에 앉아도 되니 (되나요)?

9 (Can, May, Should, Must) he travel a lot at his job?

그가 그의 일에서 출장을 많이 다녀야만 하니?

10 (Can/Could, Will/Would, Should) you come this way?

이쪽으로 올래 (오시겠어요)?

---

fill out 기입하다   **form** 서식   **in advance** 미리   **window seat** 창가쪽 자리   **a lot** 많이
travel 여행하다   **this way** 이쪽으로

다음 우리말에 알맞게 의문문을 만들어 보자.

1 그는 왼손으로 글을 쓸 수 있니?

→ _Can he write_   with his left hand?

→   with his left hand?

2 질문하나 해도 되니 (되나요)?

→   you a question?

→   you a question?

→   you a question?

3 나는 이 약을 먹어야만 하니?

→   this medicine?

→   this medicine?

→   this medicine?

4 이 10 달러 짜리 지폐를 잔돈으로 바꿔 줄래 (주실래요)?

→   me this ten-dollar bill?

→   me this ten-dollar bill?

→   me this ten-dollar bill?

→   me this ten-dollar bill?

5 그들은 오늘밤 야근을 해야만 하니?

→   overtime tonight?

→   overtime tonight?

→   overtime tonight?

---

ask a question 질문 하나 하다   take (약을) 먹다   change 잔돈으로 바꾸다   work overtime 야근을 하다

다음 빈칸에 우리말에 알맞는 조동사를 써 넣어 보자. (두 개 이상 가능)

1 *Must, Should* I trust her?

내가 그녀를 믿어야만 하니?

2 he go up the roof?

그가 지붕에 오를 수 있니?

3 I see your notes?

내가 너의 메모를 봐도 되니 (되나요)?

4 we have to brush our teeth three times a day?

우리는 하루에 세 번 이를 닦아야만 하니?

5 I come here again?

내가 다시 여기에 와도 되니 (되나요)?

6 you take a picture of us?

네가 우리 사진을 찍어 주겠니?

7 he have to push the button?

그는 버튼을 눌러야만 하니?

8 you knock before entering my room?

나의 방에 들어오기 전에 노크해 줄래 (주시겠어요)?

9 she feel the cold on her face?

그녀는 그녀의 얼굴에 차가움을 느낄 수 있니?

10 swallows fly to the south in fall?

제비들은 가을에 남쪽으로 날아가야만 하니?

---

trust 믿다   **push** 누르다   **button** 버튼, 단추   **knock** 노크하다   **swallow** 제비   **south** 남쪽

주어진 의문문에 대해 대답해 보자. (두 개 가능)

1 Can he speak Chinese?

Yes, *he can* . No. *he can't* .

2 May I come in?

Yes, . No, .

3 Must she wear the dress?

Yes, . No, .

4 Is he able to fix a car?

Yes, . No, .

5 May I have some coffee?

Yes, . No, .

6 Can you leave now?

Yes, . No, .

7 Must I remind you of the appointment?

Yes, . No, .

8 Are those birds able to live in cities?

Yes, . No, .

9 Does Kate have to go to the bank?

Yes, . No, .

10 Should he wait for a long time?

Yes, . No, .

Chinese 중국어　　for a long time 오랫동안

[01–03] 다음 빈칸에 알맞은 말을 고르시오.

01 Kate는 혼자서 저녁 식사를 만들 수(요리할 수) 있다.

> Kate _____ cook dinner by herself.

① may
② should
③ can
④ must
⑤ able

02 너는 이 책을 가져가도 좋다.

> You _____ take this book.

① may
② should
③ have to
④ must
⑤ able

03 Tony는 30대임에 틀림없다.

> Tony _____ be in his thirties.

① can
② must
③ may
④ shall
⑤ is able to

04 빈칸에 알맞은 말을 고르시오.

> It's my winter vacation, but I must study.
> = It's my winter vacation, but I _____ to study.

① should
② have
③ has
④ must
⑤ may

05 밑줄 친 부분이 바르지 <u>않은</u> 것을 골라보시오.

① <u>Are</u> you <u>able to start</u> now?
② She <u>may go</u> to Korea.
③ He <u>is able to paints</u> the picture.
④ You <u>must go</u> right now.
⑤ Tom <u>has to come</u> back home.

06 다음 대화의 빈칸에 알맞은 말을 고르시오.

> *Sally* : May I come in?
> *Bruce* : _____ .

① Yes, I am.
② Yes, I do
③ No, you may.
④ Yes, you may.
⑤ No, you don't.

08 다음 우리말을 영어로 옮길 때 빈칸에 알맞은 말을 쓰시오.

> 너는 남은 음식을 냉장고에 보관해야만 한다.
> → You _____ the leftovers
>   in the refrigerator.

keep 보관하다   leftovers 남은 음식

07 다음 대화의 빈칸에 알맞은 말을 고르시오.

> *Mary* : I will help them.
> *Tom* : You must _____ kind to
>   others.

① is
② be
③ has
④ do
⑤ isn't

others 다른 사람들

09 다음 중 보기의 밑줄 친 문장과 쓰임이 같은 것을 고르시오.

> Can I use your pen?

① I can speak Spanish.
② You can play in my room.
③ Jenny can't sing well.
④ Joseph can play the guitar.
⑤ I can see you.

Spanish 스페인어

10 밑줄 친 말과 바꾸어 쓸 수 있는 것을 고르시오.

> She is able to speak four different languages.

① should
② may
③ must
④ can
⑤ would

language 언어

11 다음 문장의 밑줄 친 may와 의미가 다른 것을 고르시오.

> The news may be false.

① They may be hiding.
② The dog may live 15 to 20 years.
③ You may use my computer.
④ It may snow.
⑤ Joe may be in the school now.

false 틀린, 사실이 아닌

[12–14] 우리말과 일치하도록 빈칸에 알맞은 말을 쓰시오.

12 나는 Jane을 도와줄 수 없다.

> I _____ help Jane.

13 그가 그의 신발을 빨아야만 하나요?

> _____ he _____ _____ wash his shoes?

14 Mike는 도둑일 리가 없다.

> Mike _____ be a thief.

thief 도둑

15 다음 중 어색한 부분을 고르시오.

> My pen ① may ② is in the classroom. ③ Can you ④ bring yours? ⑤ 없음

16 다음 중 바르게 쓰인 문장을 고르시오.

① Are Tony able to come now?
② Jane have to put it on.
③ Must Christie keeps the promise?
④ I have to meet my brother today.
⑤ He must gets up early.

[17–18] 다음 대화를 읽고 물음에 답하시오.

> Josh : I am going to start a band in this summer. ⓐ you play the guitar?
>
> Sam : Yes, I ⓑ . Then, can I join your band?
>
> Josh : Of course.
>
> Sam : And, who are other members?
>
> Josh : I am thinking about Lucy and James. ⓒ .
>
> Sam : Great!

17 밑줄 친 ⓐ와 ⓑ에 공통으로 들어갈 말로 알맞은 것을 고르시오.

① must
② will
③ can
④ should
⑤ may

18 ⓒ에 들어갈 말로, 다음 우리말과 같은 뜻이 되도록 빈칸을 채우시오.

> Lucy는 키보드를 칠 수 있을지도 모르고, James는 드럼을 칠 수 있을지도 몰라.
>
> → Lucy _____ play the keyboard and James _____ play the drum.

[19–20] 다음 글을 읽고 물음에 답하시오.

> Jenny was born in Canada. Jenny lived in Spain and France for 10 years. Jenny ⓐ can speak three languages, English, French and Spanish. Jenny can't speak Korean. This summer, Jenny will visit Korea to study Korean. Then Jenny will be able to speak Korean. Because Jenny is Korean, she really wants to speak Korean well.

19 밑줄 친 ⓐ와 바꾸어 쓸 수 있는 말을 3개의 단어로 쓰시오.

→ _____

20 이글의 내용과 일치하도록 다음 물음에 답하시오.

> Can Jenny speak Korean now?

→ _____

Korean 한국어, 한국인

01 다음 빈칸에 들어가기에 알맞은 것을 <u>두 개</u> 고르면?

> Jeffrey, you _____ go home now. 제프리, 너는 이제 집에 가도 좋다.

① can
② must
③ should
④ may
⑤ would

02 다음 밑줄 친 단어와 바꿔 쓸 수 있는 것은?

> I <u>can</u> run 100 meters in 20 seconds.

① should
② may
③ am able to
④ able
⑤ maybe

03 다음 조동사 중 유사한 의미끼리 올바르게 짝지어진 것은?

① must, should, can
② must, should, have to
③ must, should, may
④ can, may, have to
⑤ can, may, should

04 다음 밑줄 친 조동사를 바꿔도 문장의 의미가 크게 바뀌지 <u>않는</u> 것은?

> The patient <u>must not</u> go outside the hospital.

① doesn't have to
② will not
③ does not
④ did not
⑤ should not

05 다음 문장을 의문문으로 올바르게 바꾼 것은?

> I should feed the baby every four hours.
> → _____ every four hours?

① Can I feed the baby
② Should I feed the baby
③ Would I feed the baby
④ May I feed the baby
⑤ Shall I have to feed the baby

06 다음 대화에 이어질 말로 적절하지 <u>않은</u> 것은?

> A : May I sit here?
> B : _____

① Certainly.
② Of course.
③ I'm sorry.
④ Why not?
⑤ Why sit?

07 다음 대화에서 B가 뜻하는 것은?

> A : Look there, there are a lot of people surrounding that tall man.
> B : He must be a very famous star.

surround 둘러싸다

① 그는 유명한 스타이다.
② 그는 유명한 스타이어야 만 한다.
③ 그는 유명한 스타일지도 모른다.
④ 그는 유명한 스타임에 틀림없다.
⑤ 그가 유명한 스타였으면 좋겠다.

08 다음 문장의 괄호 안에 알맞은 것에 O표 해보시오.

> a. (Could / Would) I use your pen?
> b. (Should / Would) you help me?

09 다음 대화의 빈칸에 들어갈 말이 순서대로 짝지어진 것을 고르면?

> A : We need one more seat. _____ go to another cafe? 자리 하나가 부족해. 다른 카페로 가야 하나?
> B : Wait. Excuse me, _____ I borrow one of your empty chairs? 기다려. 실례합니다. 빈 의자 하나만 빌릴 수 있을까요?
> C : Go ahead. 물론이죠.

① Can we, can
② Can we, may
③ Should we, may
④ Do we have to, should
⑤ Could we, could

10 다음 밑줄 친 문장을 올바르게 해석한 것은?

> *Andy* : I am so full.
> *Blair* : Then why are you still eating?
> *Andy* : Your mom cooked this for us.
> *Blair* : If you are full, <u>you don't have to.</u>

① 남김없이 다 먹어야 해.
② 음식을 먹을 필요 없어.
③ 음식을 먹지 말아야 돼.
④ 너는 요리할 필요가 없어.
⑤ 배부를 필요가 없어.

[11-12] 다음 대화를 읽고 물음에 답하시오.

> *Andy* : Hey, did you bring your umbrella?
> *Blair* : No, I did not. Why?
> *Andy* : The news says ⓐ it may rain this afternoon.
> *Blair* : Really? Maybe I ⓑ should buy one.

11 다음 밑줄 친 ⓐ를 우리말로 옮겨 보시오.

_____

12 다음 밑줄 친 ⓑ와 바꾸어 쓸수 있는 것은?

① can
② may
③ am able to
④ have to
⑤ could

13 다음 중 어법상 틀린 것을 골라 보시오.

> She ① may ② is in the cafeteria.
> ③ Can you ④ find and ⑤ bring her back?

[14-15] 다음 대화를 읽고 물음에 답하시오.

> My friends and I decided to make a music band. My best friend, Brian has a wonderful voice. People may love Brian if they hear him singing. Now, we only need to find a guitar player. We know that Lucy _____ play the guitar very well. (Lucy는 기타를 매우 잘 칠수 있다.)

14 다음 밑줄 친 문장을 우리말로 옮겨 보시오.

사람들이 Brian이 노래하는 것을 들으면,

_____.

15 빈칸에 들어갈 수 있는 조동사를 두 가지 적으시오.

_____ , _____

16 밑줄 친 조동사와 유사한 의미를 가진 것을 골라보시오.

> We must leave now to be there on right time.

on right time 제 시간에

① She will not take the exam.
② The students may leave the classroom.
③ You should wear the proper clothes.
④ He is able to take a shower by himself.
⑤ Can you mash these potatoes for me?

17 다음 대화의 빈칸에 알맞은 말을 골라보시오.

> Kate : May I come in?
> Leo : _____.

① Yes, I am.
② Yes, I do.
③ No, you may.
④ Yes, you may.
⑤ No, you don't.

18 밑줄 친 조동사와 같은 의미를 가진 것을 고르시오.

> The baby <u>cannot</u> walk alone yet.

① It <u>may not</u> rain tomorrow.
② I <u>am not able to</u> attend the meeting.
③ You <u>must not</u> be late.
④ He <u>should not</u> ignore Annie.
⑤ You <u>don't have to</u> bring a pen.

19 다음 질문에 알맞지 않은 대답을 고르면?

> Can you bring me a cup of water?

① Yes, of course.
② Certainly.
③ Yes, I do.
④ I'd like to, But I can't.
⑤ I'm sorry, But I can't.

20 다음 ⓐ,ⓑ에 들어갈 조동사가 알맞게 짝지어진 것을 골라보시오.

> You _____ⓐ_____ leave the room.
> 당신은 방을 나가도 좋습니다.
> You _____ⓑ_____ leave the room.
> 당신은 방을 나가야 합니다.

① may - can
② may - must
③ should - must
④ will - should
⑤ have to - should

Chapter 6

수동태

1 능동태와 수동태, 수동태 문장 만들기

형태 : be동사 + 과거분사

🔷 능동태와 수동태

문장의 주어가 동작을 직접 행하여 '(주어가)~하다'라는 뜻을 가진 문장을 능동태라 하고, 주어가 스스로 행동하지 못하고 동작을 당하여 '(주어가) ~당하다, ~되어지다' 라는 뜻을 갖는 문장을 수동태라고 한다.

ex. 〈능동태〉 I make the boxes. 내가 그 상자들을 만든다.

〈수동태〉 The boxes are made by me. 그 상자들은 나에 의해서 만들어진다.

🔷 수동태 문장을 만들기

• 능동태의 목적어를 주격으로 바꾸어, 수동태의 주어로 사용한다.

• 능동태의 동사를 'be동사 + 과거 분사' 형태로 바꾼다.

• 능동태의 주어를 by 뒤에 목적격으로 바꾼 후 수동태 문장의 뒤에 놓는다.

ex.

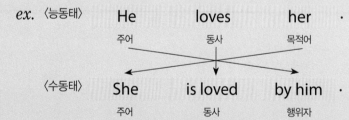

〈능동태〉　　He　　　loves　　　her　　·
　　　　　　　주어　　　　동사　　　　목적어

〈수동태〉　　She　　is loved　　by him　·
　　　　　　　주어　　　　동사　　　　행위자

Tip! 우리가 많이 쓰는 능동태 문장이 있는데 왜 구태여 수동태 문장을 쓸까?
능동태와 수동태에 따라서 영어에서는 문장의 내용의 초점이 달라지기 때문이다.

ex. Tom keeps a white dog. (능동태) – Tom에게 초점을 둠

A white dog is kept by Tom. (수동태) – A white dog에게 초점을 둠

*대명사가 아닌 일반명사 (Tom, dog....)는 주격과 목적격이 동일하다.

Tip! **수동태로 바꿀 수 없는 경우**

① 목적어가 없는 1형식, 2형식 문장은 수동태로 바꿀 수 없다.

② 소유 (have, own...), 상태 (resemble, lack...)를 나타내는 동사는 수동태로 나타낼 수 없다.

ex. She has a doll. → ~~A doll is had by her.~~

주어진 문장이 능동태인지 수동태인지 고르고 알맞은 것을 골라 보자.

1 The tower is <u>built</u> by his dad.　　　　　(능동태, 수동태)
　　(짓는다, 지어진다)

2 She <u>knitted</u> her son's sweater.　　　　　(능동태, 수동태)
　　(짰다, 짜여졌다)

3 Chocolate <u>is sold</u> by the store owner.　　　　　(능동태, 수동태)
　　(팔았다, 팔린다)

4 Jane <u>picked</u> some apples.　　　　　(능동태, 수동태)
　　(땄다, 따졌다)

5 The towels <u>are folded</u> by them.　　　　　(능동태, 수동태)
　　(접는다, 접어진다)

주어진 문장이 능동태인지 수동태인지 고르고 알맞은 것을 골라 보자.

1 Tom (watched, is watched) his sisters.　　　　　(능동태, 수동태)
Tom은 그의 여동생들을 지켜보았다

2 The tree (broke, is broken).　　　　　(능동태, 수동태)
나무가 부러진다.

3 The hungry fox (eats, is eaten) some grapes.　　　　　(능동태, 수동태)
배고픈 여우는 약간의 포도를 먹는다.

4 The meeting (canceled, is canceled) by him.　　　　　(능동태, 수동태)
회의가 그에 의해 취소되어진다.

5 Dr. Martin (repects, is respected)　　　　　(능동태, 수동태)
Martin 의사 선생님은 존경을 받는다.

tower 탑　　knit 짜다　　towel 수건　　fold 접다　　cancel 취소하다　　respect 존경하다

기초 TEST

주어진 문장을 수동태 문장으로 만들어 보자.

1 All the women   love   the drama.

The drama   *is loved*   *by all the women* .

2 She   uses   this car.

     .

3 The police   stop   him.

     .

4 Lee ang   directs   some movies.

     .

direct 감독하다

주어진 문장을 수동태 문장으로 만들어 보자.

1 He　　　　sends　　　　two e-mails.

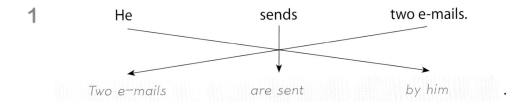

Two e-mails　　*are sent*　　*by him* .

2 She　　　　prepares　　　　every meal.

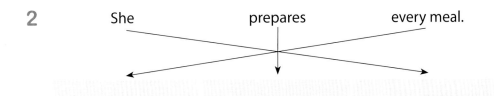

.

3 The mosquito　　　　bites　　　　me.

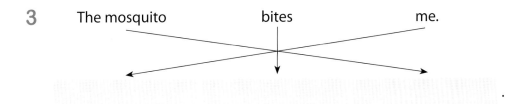

.

4 They　　　　sing　　　　'Dynamite'.

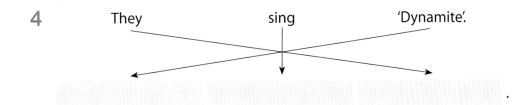

.

meal 식사　　bite - bit - bitten 물다

A 기본 TEST

주어진 문장을 수동태로 만들어 보자.

1 They sell school supplies.

→ *School supplies are sold by them* .

2 A brave young man catches a robber.

→ .

3 Mr. Brown serves dinner.

→ .

4 A thief steals my bike.

→ .

5 My dog breaks a flower pot.

→ .

6 She receives some text messages.

→ .

7 The chef makes this pasta.

→ .

8 He carries a lot of watermelons.

→ .

9 The postman delivers some packages.

→ .

10 A snake eats a frog.

→ .

---

school supplies 학용품   robber 강도   serve (음식을) 차려내다   thief 도둑   chef 주방장
watermelon 수박   package 소포   deliver 배달하다   snake 뱀   frog 개구리

주어진 문장을 수동태로 만들어 보자.

1 Rosa reads some poems.

→ *Some poems are read by Rosa* .

2 The cat makes the strange sound.

→ .

3 The cookies tempt them.

→ .

4 He slices this bread.

→ .

5 The guide warns us.

→ .

6 An umbrella blocks the rain.

→ .

7 Ann writes a book report on this book.

→ .

8 She wraps some leftover.

→ .

9 The queen wears three diamond rings.

→ .

10 They hit a lot of balls.

→ .

poem 시   tempt 유혹하다   slice 얇게 썰다   guide 안내원   warn 경고하다   block 차단하다
book report 독후감   wrap 포장하다   leftover 남은 음식   hit 치다(hit-hit-hit)

A 실력 TEST

밑줄친 우리말의 형태를 고르고 주어진 동사를 이용하여 우리말에 알맞게 문장을 완성해 보자.

1 The musician ___*composes*___ a lot of music. (compose)　　(능동태, 수동태)
그 음악가는 많은 음악을 <u>작곡한다</u>.

2 My mom ___ the table everyday. (set)　　(능동태, 수동태)
나의 엄마는 매일 상을 <u>차리신다</u>.

3 I ___ by the alarm clock. (wake up)　　(능동태, 수동태)
나는 자명종 시계에 의해 <u>깬다</u>.

4 My piano ___ by five strong men. (move)　　(능동태, 수동태)
나의 피아노는 다섯 명의 힘센 남자들에 의해 <u>옮겨진다</u>.

5 The teacher ___ the student. (punish)　　(능동태, 수동태)
그 선생님은 그 학생을 <u>벌하신다</u>.

6 A lot of people ___ by the medicine. (cure)　　(능동태, 수동태)
많은 사람들이 그 약에 의해 <u>치료된다</u>.

7 She ___ a pretty necklace for the date. (wear)　　(능동태, 수동태)
그녀는 데이트를 위해 예쁜 목걸이를 <u>착용한다</u>.

8 They ___ by the news. (embarrass)　　(능동태, 수동태)
그들은 그 소식에 <u>당황한다</u>.

9 Cold food ___ by microwave oven. (heat up)　　(능동태, 수동태)
차가운 음식은 전자레인지에 의해 <u>데워진다</u>.

10 All our money ___ by James. (use up)　　(능동태, 수동태)
우리의 돈 전부는 James에 의해 <u>다 쓰여진다</u>.

---

set-set-set　wake-woke-woken　compose 작곡하다　alarm clock 자명종　punish 벌하다　cure 치료하다
embarrass 당황하게 하다　heat up 데우다　microwave oven 전자레인지　use up ~을 다 쓰다

밑줄친 우리말의 형태를 고르고 주어진 동사를 이용하여 우리말에 알맞게 문장을 완성해 보자.

1 Peaches *are fallen* *by wind* . (fall)　　　(능동태, (수동태))
복숭아들이 바람에 의해 떨어진다.

2 My dad　　　　　me home. (take)　　　(능동태, 수동태)
나의 아빠는 나를 집으로 데려다준다.

3 The lights in the room　　　　. (turn off)　　　(능동태, 수동태)
방에 있는 불들은 그에 의해 꺼진다.

4 The slippers　　　　. (tear)　　　(능동태, 수동태)
그 슬리퍼는 너에 의해 찢어진다.

5 She　　　　a lot of money. (earn)　　　(능동태, 수동태)
그녀는 많은 돈을 번다.

6 He　　　　the words. (spell)　　　(능동태, 수동태)
그는 그 단어들의 철자를 쓴다.

7 The olive oil　　　　. (import)　　　(능동태, 수동태)
그 올리브 오일은 그들에 의해 수입되어진다.

8 Bill　　　　. (hurt)　　　(능동태, 수동태)
Bill은 사고에 의해 다친다.

9 Many people　　　　every year. (kill)　　　(능동태, 수동태)
매년 많은 사람들이 토네이도에 의해 죽는다.

10 The candles　　　　. (light)　　　(능동태, 수동태)
그 초들은 Jane에 의해 불이 붙여진다.

---

peach 복숭아　　spell 철자를 쓰다　　import 수입하다　　hurt 다치게 하다　　accident 사고
tornado 토네이도　　candle 초　　light - lit - lit 불을 붙이다

2 'by + 행위자'의 생략, 수동태의 부정문과 의문문

1 'by + 행위자'의 생략

행위자가 일반인 또는 불특정한 사람일 경우 대개 생략한다.

ex. **She is called Jane (by people).** 그녀는 Jane이라고 불린다.

My wallet is stolen (by someone). 나의 지갑을 도둑맞았다.

그 외 **by everyone, by all of us** 등이 있다.

2 수동태의 부정문과 의문문

 부정문

be동사 바로 뒤에 **not**만 붙여 주면 된다.

ex. **This book is written by Bill.** 이 책은 Bill에 의해 씌여진다.

→ **This book is not written by Bill.** 이 책은 Bill에 의해 씌여지지 않는다

 의문문

be동사를 주어 바로 앞으로 보내고 문장 뒤에 '?'만 붙여 주면 된다. 대답은 **be**동사로 물어보므로 **be**동사로 대답한다.

ex. **This book is written by Bill.**

→ **Is this book written by Bill?** 이 책은 Bill에 의해 씌여지니?

– **Yes, it is.** – 예. 그래요.

– **No, it isn't.** – 아니오. 그렇지 않아요.

다음 문장에서 생략할 수 있는 부분은 ×표 해 보자. (단, 생략할 수 있는 부분이 없으면 그대로 둔다.)

1 English is spoken in many countries ~~by people~~.

2 The tower is built by someone.

3 The living room is painted by my uncle.

4 'Hamlet' was written by Shakespeare.

5 Yuna is remembered by everyone.

6 My car is washed by someone.

7 This work of art is made by John and his father.

8 The air is polluted by all of us.

9 His pocket is picked by someone.

10 The train is driven by Mr. Brown.

11 Tom's words are believed by everyone.

12 The 40 pine trees are cut by Jack every year.

13 Stars are seen by everyone on a clear day.

14 This show is planned by Mr. Park.

15 The bill is paid by my husband.

---

tower 탑   Shakespeare 셰익스피어   work of art 예술작품   pollute 오염시키다   pick 소매치기하다
pine tree 소나무   on a clear day 맑은 날에   plan 계획하다   bill 계산서   pay 지불하다

주어진 문장을 지시대로 바꿔 보자.

1 The pork ribs are grilled by Jane. (의문문)

→ *Are the pork ribs grilled*　　by Jane?　　No,　　*they, aren't*　　.

2 The puppy is chosen by my wife. (의문문)

→ 　　　　　　　　　by my wife?　　Yes,　　　　　　　.

3 My boss is surprised by my success. (부정문)

→ 　　　　　　　　　by my success.

4 Her hair is shampooed by the hair dresser. (부정문)

→ 　　　　　　　　　by the hair dresser.

5 He is dazed by the interview. (의문문)

→ 　　　　　　　　　by the interview?

Yes,　　　　　　　.

6 The baby is irritated by loud music from next door. (부정문)

→ 　　　　　　　　　by loud music from next door.

7 The telephone lines are cut by somebody. (의문문)

→ 　　　　　　　　　by somebody?

Yes,　　　　　　　.

8 The garden is weeded by Tom. (의문문)

→ 　　　　　　　　　by Tom?　　No,　　　　　　　.

---

rib 갈비　　**puppy** 강아지　　**be dazed** 어안이 벙벙하다　　**repeat** 반복하다　　**irritate** 짜증나게 하다
telephone line 전화선　　**weed** 잡초를 뽑다

[01–02] 두 문장이 같은 뜻이 되도록 빈칸에 알맞은 말을 고르시오.

01

> She writes a postcard.
> = A postcard _____ by her.

① is wrote
② is written
③ does wrote
④ does written
⑤ be written

02

> Her son opens the window.
> = The window _____ by her son.

① is opens
② does opened
③ do opens
④ is opened
⑤ do opened

03 우리말과 같은 뜻이 되도록 빈칸에 ( ) 안의 단어를 알맞게 배열하시오.

> 그 아름다운 드레스가 Jim에 의해 만들어진다.
>
> (by, made, Jim, is)

→ The beautiful dress

_____

04 밑줄 친 부분이 바른 것을 고르시오.

① The funny story is wrote by Timothy.
② James is teached by Amy.
③ This building is build by Mr. Kim.
④ The computer is using by him.
⑤ Mickey Mouse is created by Walt Disney.

[05–06] 다음 우리말과 같은 뜻이 되도록 빈칸에 알맞은 것을 고르시오.

05

> 그 시는 Jenny에 의해 읽혀진다.
> The poem _____ by Jenny.

① is readed
② is read
③ are readed
④ are read
⑤ do read

06

> Tom은 Jerry에 의해 도움을 받는다.
> Tom _____ by Jerry.

① helps
② helped
③ do helped
④ is helped
⑤ is helping

07 다음 문장을 부정문으로 만들 때, not이 들어갈 위치를 고르시오.

> My room ① is ② cleaned ③ by ④ him ⑤.

08 다음 ( ) 안에서 알맞은 말을 골라 바르게 짝지은 것을 고르시오.

> · Josh (chose, is chosen) as a boss.
> · Someone (stole, stolen, is stolen) my car.

① is chosen - stole
② is chosen - stolen
③ is chosen - is stolen
④ chose - stole
⑤ chose - is stolen

as~ ~로

09 다음 대화의 빈칸에 알맞은 것을 고르시오.

> *Tommy* : Where _____ ?
> *Judy* : She is found in the ice rink.

① is Jane found
② does Jane find
③ did Jane find
④ do Jane found
⑤ did Jane be found

10 밑줄 친 부분 중 어색한 것을 고르시오.

> The answer ① not is ③ revealed ④ by him. ⑤ 없음

reveal 누설하다

11 다음 중 어법상 어색한 것을 고르시오.

① This gift is not sent to Jane.
② My car is repaired not by Jake.
③ The bus is not checked by him.
④ The book is not written by Andy.
⑤ The salary is not paid by him.

repair 수리하다   pay 지불하다

12 다음 문장에서 밑줄 친 부분이 잘못된 것을 골라 보시오.

① The street is covered with roses.
② Tom is interested in Korean culture.
③ Jane is surprising at the news.
④ This bag is made of paper.
⑤ He is pleased with the news.

13 다음 빈칸에 알맞은 것을 고르시오.

> The famous tree _____ here.

① is seen
② been seen
③ have seen
④ being seen
⑤ be seen

14 다음 문장의 능동태로 옳은 것을 고르시오.

> The novel is read by Mom in one day.

① Mom read the novel in one day.
② Mom reads the novel in one day.
③ Mom is readed the novel in one day.
④ Mom read the novel in one day.
⑤ Mom has read the novel in one day.

in one day 하루만에

15 빈칸에 들어가기 알맞은 것을 고르시오.

> 그 용의자는 경찰에 의해 8시간동안 심문되어진다.
> The suspect _____ for eight hours by the police.

① questions
② questioned
③ is questioning
④ has questioned
⑤ is questioned

suspect 용의자   question 심문하다

[16–17] 다음 대화를 읽고 물음에 답하시오

> Lucy : Hey, Andy. What's ⓐ going on?
> Andy : Oh... I am late for the concert.
>   But I can't open this door. Maybe
>   this door ____(A)____ by Bruce.
> Lucy : Right. Bruce is ⓑ fixing that door.
>   But, don't worry.
>   I know another door to go out.
> Andy : I'm really ⓒ pleasing to hear that.
>   I should hurry up. Let's go!

16 밑줄 친 (A)에 들어갈 알맞은 동사의 형태를 골라 보시오.

① locked
② is locked
③ have locked
④ is locking
⑤ did lock

17 ⓐ~ⓒ에서 어색한 것을 찾아 기호를 쓰고, 바르게 고치시오.

→ _____

please 기쁘게 하다

18 주어진 단어들을 우리말에 알맞게 나열하시오.

> 첼로가 그녀에 의해서 연주되어지니?
> (her, is, by, played, the cello)

→ _____ ?

[19–20] 다음 글을 읽고 물음에 답하시오.

> It is Christie's birthday. I want to give
> her a present. (A) I make a cheesecake
> for her. It is my first cake. I am ⓐ worry
> about the cake but it is delicious.
> I am satisfied with my cheesecake. My
> friends and I hold a party for her. Christie
> is surprised at the party. She is happy
> with her birthday because of the cake.

19 밑줄 친 (A)를 수동태로 바꿀 때, 빈칸을 채우시오.

> A cheesecake _____ for
> her by me.

20 ⓐ를 알맞은 형태로 바꿔 보시오.

ⓐ worry → _____

hold a party 파티를 열다

01 두 문장이 같은 뜻이 되도록 빈칸에 알맞은 말을
골라보시오.

> He catches a ball.
> = A ball _____ by him.

① caught
② is catched
③ is caught
④ catches
⑤ be caught

02 다음 빈칸에 공통으로 들어갈 말을 고르면?

> · Mom _____ some fresh
>   vegetables.
> · The flowers are _____ by
>   the lady.

① buy
② buys
③ will buy
④ bought
⑤ buying

03 다음 두 문장의 괄호 안에서 각각 알맞은 것에 O표해 보시오.

> a. This beautiful park (build / is built)
>   by an architect.
> b. Edison (invented / is invented)
>   a light bulb.

architect 건축가 light bulb 전구

04 다음 대화의 빈칸에 들어갈 수 <u>없는</u> 말은?

> Hello Kitty is _____ by a
> Japanese.

① created
② designed
③ made
④ invented
⑤ drew

05 다음 수동태 문장을 부정문으로 바꿀 때,
not이 들어갈 위치를 골라보시오.

> This letter ① is ② given ③ to ④ her ⑤.

06 다음 대화의 빈칸에 들어갈 말이 올바르게 짝지어진 것은?

> A : Who _____ the car?
> B : The car is _____ by my uncle.

① drives, drove
② drove, drove
③ drives, driven
④ drove, be driven
⑤ driving, driven

07 다음 밑줄 친 부분이 어법상 틀린 것을 고르면?

① I am poor <u>at</u> math.
② She is looking <u>for</u> her child.
③ The dog is fed <u>to</u> my mom.
④ The meeting is cancelled <u>by</u> my boss.
⑤ Tom turned <u>around</u> the corner.

feed 먹이를 주다
(feed – fed – fed)

08 다음 우리말과 같은 뜻이 되도록 빈칸에서 알맞은 말을 골라보시오.

> 그가 걱정되니?
> Are you _____ about him?

① will worry
② worries
③ worried
④ worry
⑤ to worry

09 다음 우리말과 같은 뜻이 되도록 빈칸에서 알맞은 말을 골라보시오.

> 그는 매우 유명한 교수에게 가르침을 받는다.
> He _____ by a very famous professor.

professor 교수

① be taught
② are taught
③ be teaches
④ is taught
⑤ is teaching

10 우리말에 맞게 주어진 단어를 이용하여 문장을 완성하시오.

> A star _____ in the sky everyday. (see)
> 매일 하늘에 별 하나가 보여 진다.

11 다음 문장의 능동태로 옳은 것을 골라보시오.

> The cello is played by a musician.

① A musician played the cello.
② A musician plays the cello.
③ A musician is played the cello.
④ A musician is playing the cello.
⑤ A musician has played the cello.

[12–13] 다음 글을 읽고 물음에 답하시오.

Today is my parents' 10th wedding anniversary. My sister and I want to make them happy. (A) I buy a pair of earrings for mom. (B) A tie is chosen for dad by my sister. (C) Parents are surprised at the party and they are very pleased with our gifts.

12 밑줄 친 (A)를 수동태로 바꿀 때, 빈칸에 알맞은 것은?

A pair of earrings _____ for mom by me.

① bought
② is bought
③ had bought
④ was bought
⑤ were bought

13 밑줄 친 (B)를 능동태로 바꿀 때, 빈칸을 채우시오.

My sister _____ a tie for dad.

① is choose
② is chose
③ is chosen
④ choose
⑤ chooses

[14–15] 다음 대화를 읽고 물음에 답하시오

Lucy : Hey, Andy. How are you doing?
Andy : I am great. What about you? You look healthier!
Lucy : Thank you. I am ⓐ _____ weight these days.
Andy : Oh, are you? I'm really ⓑ pleasing to hear that. It's good for you.
Lucy : Yes. Maybe you should join me.

14 ⓐ에 들어갈 알맞은 것을 고르시오.

① lose
② loses
③ lost
④ losed
⑤ losing

15 ⓑ를 바르게 고치시오.

→ _____

16 다음 빈칸에 알맞은 것을 고르시오.

> · James is waken up by _____.
> · He is pushed by _____.

① his brother's, she
② his brother's, she's
③ his brother, hers
④ his brother, she
⑤ his brother, her

17 주어진 단어를 이용하여 우리말에 알맞게 바꿔 보시오.

> · The gift ⓐ_____ by my dad.
> (receive)
> 그 선물은 나의 아빠에 의해 받아진다.
> · A hungry man ⓑ_____
> five hamburgers.(eat)
> 한 배고픈 남자가 5개의 햄버거를 먹었다.

ⓐ _____
ⓑ _____

18 주어진 수동태 문장을 능동태로 올바르게 고친 것은?

> My skirts are ironed by mom.

① Mom ironed my skirts.
② Mom iron my skirts.
③ Mom is ironed my skirts.
④ Mom irons my skirts.
⑤ Mom is ironing my skirts.

19 다음 대화의 빈칸에 올바른 것을 골라보시오.

> *Amy* : Where are the shoes found?
> *Judy* : The shoes _____ in
>   the trash can.

① are found
② is found
③ did found
④ was found
⑤ had found

20 다음 각 빈칸에 들어갈 것으로 올바르게 짝지어진 것을 골라보시오.

> We were _____ with the
> pictures _____ in Jeju Island.
> 우리는 제주도에서 찍은 사진들에 만족했다.

① satisfying, took
② satisfying, taken
③ satisfied, take
④ satisfied, took
⑤ satisfied, taken

Chapter 7

현재 완료

UNIT 1

현재완료의 용법

현재 완료란?
'과거 + 현재'의 개념으로, 과거의 상태나 동작이 현재까지 연관되어 있는 것을 나타내는 동사의 시제를 말한다.

---

1 형태: have(has) + 과거 분사 (P.P)

현재 완료의 용법에는 경험, 계속, 완료, 결과가 있다.

경험 : ~한 적이 있다

과거에서 지금까지의 경험을 나타낼 때 사용한다.

ex. She **has worked** for the bank before. 그녀는 전에 그 은행에서 일한 적이 있다.

계속 : (계속)~하고 있다

과거에서 시작한 일이 현재까지 계속되고 있을 때 사용한다.

ex. I **have studied** English for 5 years. 나는 5년 동안 (계속) 영어를 공부해 오고 있다.

완료 : ~를 다 했다

과거에서 시작한 일이 현재 끝난 것을 나타낼 때 사용한다.

ex. He **has** already **finished** his work. 그는 그의 일을 이미 다 끝마쳤다.

결과 : ~해 버렸다 (속뜻: 지금도 그대로 ~한 상태이다)

과거의 결과가 현재까지 영향을 미칠 때 사용한다.

ex. I **have lost** my pen. 나는 내 펜을 잃어버렸다.

　　 = I lost my pen. (과거) + I didn't find it now. (현재)

* 나는 (과거에) 내 펜을 잃어 버렸는데, 그것을 현재도 찾지 못했다는 뜻이다.

A 기초 TEST

정답 및 해설 **p.22**

주어진 문장을 현재완료로 만들어 보자.

1 Spring comes.

→ Spring *has come* .

2 The train started.

→ The train .

3 They lived in Seoul.

→ They in Seoul.

4 Tom got on a taxi.

→ Tom on a taxi.

5 I missed the school bus.

→ I the school bus.

6 Dad is replacing the rug.

→ Dad the rug.

7 He plants some seeds.

→ He some seeds.

8 The countries fought each other.

→ The countries each other.

9 Koreans built a lot of churches in Africa.

→ Koreans a lot of churches in Africa.

10 Mom knows all of my friends.

→ Mom all of my friends.

---

get on (차에) 타다   **replace** 교체하다   **rug** 깔개   **plant** 심다   **seed** 씨앗   **each other** 서로 서로

A 기본 TEST

다음 현재완료의 쓰임을 고르고 현재 완료의 용법 중 골라 보자.

1 He has been sick since last week.　　　　(완료, 경험, ⟨계속⟩, 결과)
(아픈 적이 있다, ⟨계속 아프다⟩)

2 She has read the novel once.　　　　(완료, 경험, 계속, 결과)
(읽어 본 적이 있다, 계속 읽고 있다)

3 I have been busy since yesterday.　　　　(완료, 경험, 계속, 결과)
(계속 바쁘다, 바빴던 적이 있다)

4 My son has just brushed his hair.　　　　(완료, 경험, 계속, 결과)
(이제 막 다 빗었다, 이제 막 빗고 있다)

5 She has become a lawyer. (she is a lawyer now)　　　　(완료, 경험, 계속, 결과)
(되었다(지금도 변호사이다), 된 적이 있다)

6 I have fixed my cell phone twice.　　　　(완료, 경험, 계속, 결과)
(고쳐 버렸다, 고친 적이 있다)

7 My mother has already poured the milk for me.　　　　(완료, 경험, 계속, 결과)
(이미 다 부었다, 계속 붓고 있다)

8 The weather has ruined our picnic before.　　　　(완료, 경험, 계속, 결과)
(망치고 있다, 망친 적이 있다)

9 He has already left London.　　　　(완료, 경험, 계속, 결과)
(이미 떠났다, 떠난 적이 있다)

10 Tom has played basketball for 3 years.　　　　(완료, 경험, 계속, 결과)
(해 오고 있다, 다 했다)

---

since ~부터　　novel 소설　　once 한번　　just 이제 막　　twice 두 번　　already 이미　　pour 붓다
weather 날씨　　ruin 망치다

다음 현재완료의 쓰임을 고르고 현재 완료의 용법 중 골라 보자.

1 The supermarket <u>has already started</u> a sale.

(～한 적이 있다, 이미 ～했다)

(완료), 경험, 계속, 결과)

2 She <u>has been</u> free since last month.

(～한 적이 있다, 계속 ～하다)

(완료, 경험, 계속, 결과)

3 Sam <u>has just eaten</u> dinner.

(이제 막 ～했다, ～한 적이 있다)

(완료, 경험, 계속, 결과)

4 I <u>have not fixed</u> my mistakes yet.

(～를 다 했다, ～한 적이 있다)

(완료, 경험, 계속, 결과)

5 The plant <u>has grown</u> so tall.

(～해 버렸다, ～한 적이 있다)

(완료, 경험, 계속, 결과)

6 My mom <u>has made</u> a sandwich for my lunch since last year.

(～를 다 했다, 계속 ～하고 있다)

(완료, 경험, 계속, 결과)

7 <u>Have</u> you ever <u>visited</u> the city?

(～한 적이 있다, ～해 버렸다)

(완료, 경험, 계속, 결과)

8 The spaghetti <u>has warmed</u> in the oven.

(～해 졌다, ～한 적이 있다)

(완료, 경험, 계속, 결과)

9 The nurse <u>has given a shot</u> to me before.

(～하고 있다, ～한 적이 있다)

(완료, 경험, 계속, 결과)

10 David <u>has just read</u> 'Harry Potter'.

(～를 다 했다, ～하고 있다)

(완료, 경험, 계속, 결과)

---

sale 할인판매   free 한가한   yet 아직, 벌써   plant 식물   ever 이제껏, 전에   spaghetti 스파게티
warm 데우다, 데워지다   give a shot 주사를 놓다

2 현재완료와 부사(구)

1 현재완료에 사용하는 부사(구)

경 험	ever, never, before, once, twice, ~times, How often ~?, How many times ~?
계 속	for~, since~, How long~?
완 료	already, just, yet
결 과	특정한 부사(구)를 사용하지 않는다.

ex. I have **never** met Tom. 나는 Tom을 결코 만난 적이 없다.

Tip! ① before, once, twice 는 긍정문, never는 부정문, ever는 자주 의문문에서 사용된다.
② already, just는 주로 긍정문에서 사용되며, yet은 부정문 '아직'과 의문문 '벌써/이미'에서 사용된다.

ex. He hasn't left for Germany yet. 그는 아직 독일로 떠나지 않았다.
Has he left for Germany yet? 그는 벌써 독일로 떠났니?

◈ for (~동안) 와 since (~부터)

for와 since는 그 쓰임이 다르다.   **for** + 기간   **since** + 시점

ex. She has played the piano **for** an hour. 그녀는 한 시간 동안 피아노를 치고 있다.
I have skated **since** 2000. 나는 2000년부터 스케이트를 타 왔다.

since는 주로 현재완료와 함께 쓰인다.   ~~I skated since 2000.~~

2 현재완료를 사용할 수 없는 부사(구)

◈ 과거를 나타내는 부사(구)

yesterday, last~ 지난~, ~ago ~전에, just now 방금 전에, then 그때, in 2001 2001년도에
ex. She **met** my mom **1 hour ago**.   ~~She has met my mom 1 hour ago~~.

◈ 의문사 when(= what time)으로 시작하는 의문문

ex. When **did** you wake up today?   ~~When have you waken up today?~~

다음 중 알맞은 것을 골라 보자.

1 Have you (ever, before) caught a dragonfly?

2 Have you cooked dinner (since, yet)?

3 He has (already, yet) drunk all of the water.

4 She has dreamed of flying in the sky (ever, before).

5 The dog has (yet, never) barked at a stranger.

6 Have you (ever, since) ridden an elephant?

7 The monster has (just now, just) eaten something.

8 I have used a saw (twice, yet).

9 I have (never, yet) seen the hugh building.

10 Mom has (just, for) opened all the curtains in the house.

11 She has (yet, already) handed in the report.

12 Have you (ever, since) showed the way to a foreigner?

13 The pitcher has not thrown the baseball (already, yet).

14 The earthquake has (just now, just) shaken the ground.

15 She has (already, yet) taken the test in only ten minutes.

---

dream of ~을 꿈꾸다　　dragonfly 잠자리　　ride 타다 (ride - rode - ridden)　　monster 괴물　　saw 톱
hugh 거대한　　curtain 커튼　　hand in ~ ~을 제출하다　　foreigner 외국인　　pitcher 투수　　throw 던지다
earthquake 지진　　shake 흔들다　　in ten minutes 10분 안에

다음 중 알맞은 것을 골라 보자.

1 My dog has chewed on that bone (for, since) over an hour.

2 He has been ill in bed (for, since) 8 months.

3 Maria has stayed at this hotel (for, since) 3 days.

4 The tree has stood on the hill (for, since) 100 years.

5 I have been busy (for, since) early morning.

6 She has heated it (for, since) 3 minutes in the microwave oven.

7 His sister has kept a pet (for, since) 2008.

8 He has been at home (for, since) the terrible day.

9 The cookies were baked in the oven (for, since) about 20 minutes.

10 The phone has been ringing constantly (for, since) 3 PM.

11 My teeth have been free of cavities (for, since) 2 years.

12 I have wanted to go to England (for, since) a very long time.

13 Bill has become famous (for, since) then.

14 I have worn a glasses (for, since) the 7th grade.

15 We have walked on the beach (for, since) only 2 hours.

---

chew 씹다   bone 뼈   over ~이상   heat 가열하다   microwave oven 전자레인지   pet 애완 동물
terrible 끔찍한   ring 울리다   constantly 지속적으로   cavity 충치   beach 해변

for와 since 중에 알맞은 것을 써 넣어 보자.

1 That child has been crying   *for*   three hours.

2 My car's headlights have been on   30 minutes.

3 He has not eaten anything   this morning.

4 Yuri has napped   two hours.

5 The electricity has gone out   8 a. m. today.

6 The cab driver has been waiting   five minutes.

7 I let the tea cool down   a few minutes.

8 That clock has stopped   the day before yesterday.

9 I have worked for the bank   7 years.

10 Three years have passed   she died.

---

headlight (차의) 전조등, 헤드라이트   (be) on 켜져 있다   nap 낮잠을 자다   electricity 전기   cab 택시
let 내버려두다   cool down 식다   a few minutes 몇 분   the day before yesterday 그저께

A 실력 TEST

현재완료와 관련이 있는 부사(구), 절을 찾아 ○표시 한 후, 알맞은 것을 골라 보자.

1 It (has started, ⟨started⟩) to rain ⟨just now⟩.

2 He (has sent, sent) me a christmas card last month.

3 Billy (has kept, kept) a diary since 2007.

4 When (has she moved, did she move) to L.A.?

5 It (has snowed, snowed) since last night.

6 The barber (has opened, opened) his shop 2 hours ago.

7 I (have bought, bought) a cap at the store yesterday.

8 When (have you walked, did you walk) your dog?

9 She (has been, was) in the bed since the car accident.

10 There (has been, was) a cup on the table just now.

11 Tommy (has played, played) the piano since he was 10.

12 Dad (has pained, painted) the door white a month ago.

13 Mr. Brown (has painted, painted) the same picture since last Monday.

14 She (has lost, lost) her smart-phone a few days ago.

15 What time (have you gone, will you go) to school?

christmas card 크리스마스 카드　　**walk a dog** 개를 산책시키다　　**car accident** 자동차 사고

현재완료와 관련이 있는 부사(구)를 찾아 O표시 한 후, 주어진 단어를 이용하여 우리말에 알맞게 문장을 완성해 보자.

1 His family *left* this town (4 years ago). (leave)

그의 가족은 4년 전에 이 마을을 떠났다.

2 I _____ a fly with my hand just now. (catch)

나는 방금 전에 손으로 파리를 잡았다.

3 Fred _____ her in 2003. (marry)

Fred는 2003년에 그녀와 결혼했다.

4 Kate _____ in the company since 2005. (work)

Kate는 2005년부터 그 회사에서 일하고 있다.

5 The bears _____ in the zoo since last month. (be)

그 곰들은 지난 달 부터 동물원에서 지내고 있다.

6 When _____ you _____ the coat? (buy)

너는 언제 그 코트를 샀니?

7 A mosquito _____ by me just now. (pass)

모기 한 마리가 방금 전에 내 옆을 지나갔다.

8 We _____ them since 2 years ago. (help)

우리는 2 년 전부터 그들을 도와주고 있다.

9 What time _____ he _____ his room? (clean)

그는 언제 그의 방을 청소했니?

10 She _____ sick since last night. (be)

그녀는 어제 밤부터 아프다.

---

fly 파리   just now 방금 전에

1 부사(구)의 위치

■ 현재완료에 쓰이는 부사(구)들은 문장 내에 주로 오는 자리가 있다.

already, just, never, ever는 have와 과거분사 사이에 오고 나머지는 문장 맨 뒤에 온다. (의문부사는 맨 앞)

I have	already, just	arrived home.	
I haven't		arrived home	yet.
Have you		arrived home	yet?
I have	never	seen him.	
Have you	ever	seen him?	

*already는 문장의 맨 뒤에 오기도 한다. yet은 본동사 앞, 부정어 바로 뒤에 오기도 한다.

2 현재완료의 부정문과 의문문

■ 현재완료의 부정문

현재완료의 부정문은 have(has) 뒤에 not 또는 never만 붙여주면 된다.

ex. I **have not** called Jane. 나는 Jane에게 전화 건 적이 없다.

■ 현재완료의 의문문

현재완료의 의문문은 have(has)만 주어 앞으로 가져오면 된다.
대답은 have(haven't) 또는 has(hasn't)로 받는다.

ex. **Have** you ever seen the movie? 너는 전에 그 영화를 본적 있니?

    – **Yes,** I **have.** – 네, 그래요.   – **No,** I **haven't.** – 아니오, 그렇지 않아요.

기초 TEST

정답 및 해설 **p.23**

다음 주어진 단어가 주로 들어갈 자리를 골라 보자.

1 ① The baby ② has ③ spit out ④ her food ⑤. (already)

2 ① The hairdresser ② hasn't ③ sprayed ④ with water ⑤. (yet)

3 ① He ② has ③ met ④ Susan's uncle ⑤. (never)

4 ① I ② have ③ been ④ to China ⑤. (before)

5 ① Have ② you ③ seen ④ Jack ⑤? (ever)

6 ① They ② have ③ lived ④ in this town ⑤ 7 years. (for)

7 ① The doctor ② has ③ written ④ a prescription for me ⑤. (twice)

8 ① Have ② you ③ washed ④ your hands ⑤? (yet)

9 ① The boy ② has ③ dropped his books ④ to the floor ⑤. (three times)

10 ① His uncle ② has not ③ finished ④ fixing his PC ⑤. (yet)

11 ① The old woman ② has ③ eaten ④ only ⑤ soup. (just)

12 ① Joe's brother ② has ③ completed ④ his assignment ⑤. (already)

13 ① Have ② you ③ skated ④ on the stream ⑤? (ever)

14 ① We ② have ③ arrived ④ at Tokyo ⑤. (just)

15 ① Have ② you ③ visited ④ your aunt ⑤? (How often)

---

spit out 뱉다   hairdresser 미용사   spray 뿌리다, 분무하다   prescription 처방전   drop 떨어뜨리다
complete 완성하다   assignment 과제물   stream 개울

A 기본 TEST

주어진 문장의 시제를 고른 후 지시대로 바꿔 보자.

1 He has arrived at home. (부정문) (과거, 현재완료)

→ *He hasn't arrived* at home.

He arrived at home at 6. (부정문) (과거, 현재완료)

→   at home at 6.

2 Jim gave up writing his report. (의문문) (과거, 현재완료)

→   writing his report?

– Yes,   . – No,   .

Jim has given up writing his report. (의문문) (과거, 현재완료)

→   writing his report?

– Yes,   . – No,   .

3 She saw the movie yesterday. (부정문) (과거, 현재완료)

→   the movie yesterday.

She has seen the movie before. (부정문) (과거, 현재완료)

→   the movie before.

4 My father drank his morning coffee. (부정문) (과거, 현재완료)

→   his morning coffee.

My father has drunk his morning coffee. (부정문) (과거, 현재완료)

→   his morning coffee.

주어진 문장의 시제를 고른 후 지시대로 바꿔 보자.

1 His lips began to turn blue. (과거) 현재완료)

(부정문) *His lips didn't begin* to turn blue.

(의문문) _____ to turn blue?

– Yes, _____ .   – No, _____ .

2 George has paid her back the money. (과거, 현재완료)

(부정문) _____ her back the money.

(의문문) _____ her back the money?

– Yes, _____ .   – No, _____ .

3 Jane has gotten her driver's license. (과거, 현재완료)

(부정문) _____ her driver's license

(의문문) _____ her driver's license?

– Yes, _____ .   – No, _____ .

4 The birds started to chirp. (과거, 현재완료)

(부정문) _____ to chirp.

(의문문) _____ to chirp?

– Yes, _____ .   – No, _____ .

---

lip 입술   **turn blue** 파랗게 변하다   **pay back** (돈을) 갚다   **driver's license** 운전면허증   **chirp** 지저귀다

주어진 문장을 지시대로 바꿔 보자.

1 He has finished his homework. (부정문)

→ _He has not finished_ his homework.

2 She has lost her way. (의문문)

→ _____ her way?   – Yes, _____ .

3 Paul sold his watch. (부정문)

→ _____ his watch.

4 Susan has been sick. (의문문)

→ _____ sick?   – No, _____ .

5 The cat caught a mouse. (의문문)

→ _____ a mouse?   – No, _____ .

6 My uncle has polished his shoes. (부정문)

→ _____ his shoes.

7 Mr. Lee has fixed the ladder. (의문문)

→ _____ the ladder?   – Yes, _____ .

8 They have played baseball. (부정문)

→ _____ baseball.

9 Anne went to the store yesterday. (부정문)

→ _____ to the store yesterday.

10 She pointed the mosquito on the wall. (의문문)

→ _____ the mosquito on the wall?   – Yes, _____ .

---

mouse 쥐   polish 광을 내다   ladder 사다리   point 가리키다

[01–03] 다음 빈칸에 알맞은 말을 고르시오.

01

> Jane _____ her work. So she is going to play with her friends.

① finishes
② is finishing
③ was finishing
④ hasn't finished
⑤ has finished

02

> He _____ a designer for three years. Now he's working at my shop.

① have been
② was been
③ is been
④ has been
⑤ have done

03 다음 중 yet이 들어갈 위치로 알맞은 곳을 고르시오.

> Has ① Noah ② arrived ③ at ④ home ⑤?

04 다음 보기의 밑줄 친 부분과 쓰임이 같은 것을 고르시오.

> | 보기 |
> Jenny has been sick for a month.

① Kelly has lost her bag.
② I have played the piano for ten years.
③ Billy has just finished his homework.
④ I have seen her twice.
⑤ She has not come here yet.

05 다음 두 문장을 한 문장으로 바꿀 때 빈칸에 알맞은 말을 고르시오.

> Joseph began to be busy last week.
> Joseph is still busy now.
> = Joseph _____ busy since last week.

① is be
② has be
③ was be
④ have been
⑤ has been

06 다음 대화의 빈칸에 알맞은 말을 고르시오.

> *Joseph* : Long time no see.
> *Lucy* : Yes. I _____ seen you for a long time.

① do
② did
③ hasn't
④ have
⑤ haven't

long time no see 오랜만이야

07 우리말에 맞게 ( ) 안의 단어를 배열하여 써 보시오.

> 나는 캐나다에 일 년 동안 머물고 있다.
> (for, Canada, in, stayed, have, a year)

→ I _____

_____

08 다음 밑줄 친 부분의 용법이 나머지와 다른 하나를 고르시오.

① Tony <u>has</u> just <u>finished</u> the work.
② My friend <u>has been</u> to England once.
③ I <u>have seen</u> the movie before.
④ I <u>have</u> never <u>used</u> the program.
⑤ <u>Have</u> you ever <u>written</u> a book?

has been to ~에 가 본적이 있다

09 다음 빈칸에 적절한 것을 고르시오.

> *Tom* : Have you ever been to Seattle?
> *Jerry* : _____ . It was cool.

① Yes, I do.
② No, I don't
③ Yes, you have.
④ Yes, I have.
⑤ No, you don't.

have been to ~에 가 본 적이 있다

10 다음 문장에서 already가 주로 들어갈 위치를 고르시오.

> ① Billy ② has ③ eaten ④ the ⑤ delicious sandwich.

11 다음에서 올바른 문장을 고르시오.

① Do you ever seen the movie?
② I have seen it then.
③ I have already gotten it.
④ He has not been here last month.
⑤ Jane has lost her ring yesterday.

then 그 때

12 다음 보기의 밑줄 친 부분과 그 쓰임이 <u>다른</u> 것을 고르시오.

| 보기 |

It's been two years <u>since</u> I saw him last.

① Mickey has been a high school janitor <u>since</u> 2009.
② I've been watching movies <u>since</u> 12 o'clock.
③ I didn't want to go out <u>since</u> it was cold outside.
④ My friend has lived here <u>since</u> 1999.
⑤ He has studied math <u>since</u> 6 o'clock.

janitor 수위

13 다음 대화의 질문으로 알맞지 <u>않은</u> 것을 고르시오.

Andy : _____
Bruce : No, I haven't.

① Have you been to France?
② Did you have a camera?
③ Have you eaten this cookie?
④ Have you ever met Sunny?
⑤ Have you ever driven this car?

[14-15] 다음 빈칸에 알맞은 것을 |보기|에서 골라 번호를 적으시오.

| 보기 |

① yet ② since ③ already ④ for

14

He hasn't said anything _____ he came here.

15

Mary hasn't cleaned the living room _____ .

16 다음 문장을 부정문으로 올바르게 바꾼 것은?

I have finished my homework.

① I don't have finished my homework.
② I didn't have finished my homework.
③ I not have finished my homework.
④ I have not finished my homework.
⑤ I never have finished my homework.

[17–18] 다음 대화를 읽고 물음에 답하시오.

> *Peter* : Jane, it is raining now. We have to
> go to the grocery store.
> *Jane* : I know. ⓐ I have not seen such
> heavy rain before.
> *Peter* : Don't worry. I have two raincoats
> and rain boots.
> You can borrow mine.
> *Jane* : Really? Thank you. Then,
> Let's go. I am so hungry.
> I ⓑ (10 o'clock, eaten, have, since,
> not, anything).

grocery store 식료품점   heavy rain 폭우   raincoat 우비   boots 장화

17 ⓐ와 같은 쓰임의 현재 완료 용법의 문장을 골라
보시오.

① Ron has already had lunch.
② I have lost my dog.
③ I have known him for one year.
④ Ben has eaten Korean food twice.
⑤ Tom has been a teacher since 2005.

18 밑줄 친 ⓑ를 알맞게 배열하시오.

→ I _____

_____

[19–20] 다음 글을 읽고 물음에 답하시오.

> Jerry has been in Hawaii since 2008.
> He went to Hawaii to study English. He
> has not finished his study ___ⓐ___. But
> he missed his family and friends. One
> day his family visited him to cheer him.
> Jerry was glad to see his family. His
> family stayed in Hawaii for a week and
> went back to Korea.
> Jerry ___ⓑ___ harder since then.

miss 그리워하다   one day (과거의) 어느날

19 '그는 아직 공부를 마치지 않았다'는 말을 하려고
할 때, 밑줄 친 ⓐ에 들어갈 단어를 쓰시오.

→ _____

20 밑줄 친 ⓑ에 들어갈 알맞은 말을 고르시오.

① has studies
② studied
③ have studied
④ has studied
⑤ has been

O1 다음 문장의 대답으로 올바른 것은?

> How long have you studied English?

① I have studied for 7 years.
② When I was 10 years old.
③ I am studying 2 hours everyday.
④ I have studied English at school.
⑤ I will study for 3 years.

O2 다음 문장의 뜻으로 올바른 것은?

> I have lost a cell phone.

① 나는 핸드폰을 잃어버렸는데, 다시 찾았다.
② 나는 핸드폰을 잃어버렸는데, 찾지 못했다.
③ 나는 핸드폰을 잃어버릴 것 같다.
④ 나는 방금 핸드폰을 잃어버렸다.
⑤ 나는 핸드폰을 잃어버리지 않았다.

O3 다음 중 어법상 옳지 <u>않은</u> 것을 고르면?

① He walked for over 3 hours.
② He has lived in Tokyo since 1984.
③ He learned Spanish since 2000.
④ He watched TV for 30 minutes.
⑤ He has taken a bath since 7 P.M.

O4 다음 대화의 빈칸을 채워 문장을 완성해 보자.

> A : Have you ever been to New York?
> 너는 뉴욕에 가 본적이 있니?
> B : No, I _____.
> 아니, 나는 없어.

O5 다음 중 어색한 문장을 하나 고르시오.

① I have watched that movie once.
② She has studied English for 3 years.
③ Have you ever heard of his name?
④ I began driving since last year.
⑤ I met him last Christmas.

O6 다음 문장 중 밑줄 친 부분이 <u>어색한</u> 것을 고르면?

① I <u>have already came</u> home.
② I <u>have just left</u> home.
③ They <u>have played</u> for three hours.
④ <u>Have you ever seen</u> her?
⑤ I <u>have not done</u> my homework.

07 다음 문장의 괄호 안에서 알맞은 것에 O표 해보자.

> (Did, Have) you arrived yet?
> Yes, I (did, have).

08 다음 대화의 밑줄 친 부분 중 **틀린** 것을 고르면?

> *Jessica* : ① Did you see Irene?
> *Chris* : Yes, ② I did.
> *Jessica* : ③ When ④ did you see her?
> *Chris* : I ⑤ have seen her about ten
> minutes ago.

about 약/대략

09 다음 문장을 우리말에 알맞게 고쳐보시오.

> What time have you eaten lunch?
> → What time _____ lunch?
> 너는 몇 시에 점심을 먹었니?

10 다음 문장을 해석하여 빈칸에 들어갈 말이 순서대로 짝지어진 것은?

> I _____ to Paris a year ago.
> 나는 1년 전에 파리로 이사 갔습니다.
> I _____ in this house for 3
> months. 나는 이 집에서 3개월 째 살고 있습니다.

① have moved, lived
② have moved, have lived
③ moved, have lived
④ moved, lived
⑤ moved, live

11 우리말에 맞게 괄호 안의 단어를 배열하여 보시오.

> 나는 고양이를 2년 동안 키우고 있다.
> I (for, raised, a cat, have, two years)

→ I _____ .

[12–13] 다음 글을 읽고 물음에 답하시오.

> *Peter* : Jenny, What movie are you watching?
> *Jenny* : I am watching 'Pirates of the Caribbean'. This is one of my favorite movies.
> *Peter* : Is it famous? ⓐ 난 그 영화에 대해 결코 들어 본 적이 없어.
> *Jenny* : Really? ⓑ Have you known *Keira Nightly*? She is the main character in this movie.
> *Peter* : Oh, now I know.

Keira Nightly 키이라 나이틀리 영화배우

12 ⓐ의 우리말을 영어로 옮기시오.

> → I _____ of that movie.

13 다음 밑줄 친 ⓑ문장을 주어진 우리말에 알맞게 고쳐 보시오.

> ⓑ Have you known *Keira Nightly*?
> → _____ *Keira Nightly*?
> 너는 키이라 나이틀리를 아니?

[14–15] 다음 글을 읽고 물음에 답하시오.

> Carol's father has been sick since last winter. He is now in the hospital to treat his illness. The treatment ⓐ _____ yet. But he has shown a great improvement. His family looks forward to a day when Carol's father returns home. The family visits him every weekend. Carol ⓑ (go through, have) hard times, but she is getting much better.
> Carol은 힘든 시절을 겪어왔지만, 그녀는 많이 나아지고 있어.

treat 치료하다   look forward to ~을 고대하다
go through ~을 겪다   improvement 향상

14 '치료가 아직 끝나지 않았다'는 우리말에 알맞은 표현으로 밑줄 친 ⓐ에 들어갈 말을 골라보시오.

① has finished
② have finished
③ have not finished
④ wasn't finished
⑤ has not finished

15 주어진 단어를 활용하며 ⓑ부분을 영작하시오.

> → _____

[16–17] 다음 대화를 읽고 물음에 답하시오.

John : Why are you playing?
Sarah : I ⓐ (already, finished, have) my homework.
John : Really? I can't believe you!
Sarah : Actually, my brother helped me solve the questions.
John : I thought your brother was in the United States.
Sarah : You're right. He taught me how to do homework through an e-mail.
John : That's great. How long has he been in America?
Sarah : ⓑ 그는 미국에서 6년 동안 살고 있다.

16 ⓐ 괄호 안의 단어를 알맞게 배열하시오.

_____

17 ⓑ를 올바르게 영어로 옮긴 것은?

① He lived in America for 6 years.
② He lives in America for 6 years.
③ He has lived in America for 6 years.
④ He had lived in America for 6 years.
⑤ He is lived in America for 6 years.

18 다음 문장을 부정문으로 올바르게 바꾼 것은?

I have forgotten to go to school.

① I don't have forgotten to go to school.
② I didn't have forgotten to go to school.
③ I not have forgotten to go to school.
④ I have not forgotten to go to school.
⑤ I never have forgotten to go to school.

19 다음 대화의 빈칸에 들어갈 단어로 올바른 것은?

Julie : Why does Amy look so bad?
Corner : She hasn't slept _____ she came yesterday.

① ever
② already
③ twice
④ yet
⑤ since

20 다음에서 올바른 문장을 골라보시오.

① Do you ever played tennis?
② I have met the lady 3 days ago.
③ I have not done it yet.
④ He has left here last month.
⑤ Jane has read a book yesterday.

종합문제

01 영어를 우리말로 바르게 옮긴 것은?

① call → 전화하기
② to drive → 운전하다
③ played → 놀다
④ to send → 보내는 것
⑤ will watch → 관람하기

03 빈칸에 공통으로 들어갈 말로 알맞은 것을 고르시오.

- Jane wants _____ eat the cake.
- I don't want _____ stay in this house.

① in
② of
③ to
④ for
⑤ by

02 우리말과 일치하도록 ( ) 안에 주어진 단어들을 바르게 배열하시오.

그 학생들은 물어 볼 질문을 많이 가지고 있다.
→ The students (many, to, have, questions, ask).

→ _____

04 다음 빈칸에 들어갈 수 없는 것을 고르시오.

Tom doesn't know _____ .

① why to go
② what to do
③ when to go
④ how to do
⑤ where to go

05 밑줄 친 부분의 쓰임이 나머지와 <u>다른</u> 것을 고르시오.

① I went to France <u>to study</u> design.
② Jane was shocked <u>to hear</u> the news.
③ I am so glad <u>to see</u> you.
④ Grace was happy <u>to see</u> me.
⑤ Kenny was sad <u>to watch</u> the movie.

08 밑줄 친 부분의 쓰임이 나머지와 <u>다른</u> 것을 고르시오.

① Kim enjoyed <u>playing</u> the piano.
② We were <u>playing</u> tennis.
③ It began <u>snowing</u>.
④ Do you mind <u>driving</u>?
⑤ Mary finished <u>doing</u> her homework.

[06–07] 다음 두 문장을 한 문장으로 바꿀 때 빈칸에 알맞은 말을 쓰시오.

06

I am very tired. I can't cook dinner.
→ I am _____ _____
_____ cook dinner.

09 밑줄 친 부분의 동사를 알맞은 형태로 고치시오.

My younger brother enjoys <u>ride</u> a bike.

→ _____

10 다음 우리말을 영어로 바르게 옮긴 것을 고르시오.

너는 새에게 먹이를 주어야만 한다.

① You should feed the bird.
② You can feed the bird.
③ You may feed the bird.
④ You have feed the bird.
⑤ You are able to feed the bird.

feed 먹이를 주다

07

Mike is rich. He can buy a big house with a swimming pool.
→ Mike is rich _____ _____
_____ a big house with a swimming pool.

11 다음 빈칸에 공통으로 알맞은 말을 고르시오.

> · Jane is able _____ eat oranges.
> · I have _____ do my homework.

① to
② in
③ of
④ on
⑤ with

12 빈칸에 알맞은 것을 고르시오.

> Emma found her book _____ .

① steal
② stolen
③ stealing
④ to steal
⑤ steals

13 다음 문장에서 ⓐ와 ⓑ에 들어갈 말로 알맞게 짝지어진 것을 고르시오.

> It was a really ⓐ day. Harry was so ⓑ that he slept for a long time.

① tired - tired
② tired - tiring
③ tiring - tiring
④ tiring - be tired
⑤ tiring - tired

14 다음 빈칸에 알맞은 말을 고르시오.

> Joseph은 농구를 아주 잘할 수 있다.
> Joseph _____ play basketball very well.

① can
② may
③ must
④ should
⑤ has to

15 밑줄 친 부분과 가장 유사한 것을 고르시오.

> He <u>must not</u> go there alone.

① has to
② has not to
③ should not
④ cannot be
⑤ doesn't have to

16 빈칸에 차례대로 알맞은 것을 고르시오.

> · This photo is taken by _____ .
> · The roses are picked by _____ .

① her - them
② she - theirs
③ she - their
④ her - they
⑤ hers - them

17 능동태 문장을 수동태 문장으로 바꾼 것이다. 빈칸에 알맞은 말을 쓰시오.

> My grandmother grows the flowers in the garden.
> = The flowers _____ _____ in the garden by my grandmother.

grow 기르다

18 다음 ⓐ, ⓑ에 들어갈 알맞은 동사로 바르게 짝지어진 것을 고르시오.

> Jim ___ⓐ___ a cold since last night.
> He has been ill ___ⓑ___ 3 days.

① have had-since
② has had-for
③ had-since
④ have-for
⑤ had had-since

have a cold 감기에 걸렸다

19 ( ) 안의 단어를 알맞게 나열하시오.

> Don't wake up _____
> _____ .
> (under, the cat, the table, sleeping)

20 밑줄 친 부분과 쓰임이 같은 것을 고르시오.

> I have read the book once.

① Lily has never seen a lion.
② Andy has known me for a month.
③ Bruce has just finished his homework.
④ She has already read the book.
⑤ Tony has become a nurse.

21 다음 대화의 빈칸에 알맞은 것을 고르시오.

> Julie : Have you ever met Lucy?
> Andy : _____ .

① No, I don't.
② No, I didn't
③ No, I don't have.
④ Yes, I do.
⑤ Yes, I have.

[22–23] 다음 대화를 읽고 물음에 답하시오.

> Jenny : Look at the ⓐ smiling little boy. Isn't he cute?
> Bill : So cute! He is really ⓑ adorable.
> Jenny : (A) 나는 전에 초등학교에서 일한 적이 있어. I love kids.
> Bill : Really? Actually, my elder sister is ⓒ looked for nanny. From next week, she will be back ⓓ to her work. Could you take care of my cousins?
> Jenny : Of course I ⓔ can. How old are they?

adorable 사랑스러운   nanny유모

22 ⓐ~ⓔ 중 어색한 것을 고르면?

① ⓐ
② ⓑ
③ ⓒ
④ ⓓ
⑤ ⓔ

23 밑줄 친 (A)를 영어로 옮길 때 빈칸을 채우시오.

> = I _____ _____ at an elementary school before.

elementary school 초등학교

[24-25] 다음 글을 읽고 물음에 답하시오.

> Long ago, there was a wonderful woman in this town. She was well-known for her beauty. A lot of men wanted ⓐ <u>marry</u> her. But only one man was chosen by her. The man was very brave and smart. ⓑ <u>The man built a big house for her.</u> They moved to the new house and lived happily for a long time.

well-known 잘 알려진   beauty 아름다움

24 밑줄 친 ⓐ를 알맞은 형태로 고치시오.

→ _____

25 밑줄 친 ⓑ를 현재형으로 바꾼 것이다. 이를 수동태로 바꿀 때 알맞은 단어로 빈칸을 채우시오.

> The man builds a big house for her.
> → A big house _____ _____ for her _____ the man.

01 우리말을 영어로 바르게 옮긴 것은?

> 그 공원은 놀기에 좋습니다.

① The park is good to play.
② The park is good to play at.
③ The park is good at to play.
④ To play is good at the park.
⑤ To play is at the park good.

02 빈칸에 알맞은 말을 고르시오.

> Jane needs a red pen to write
> _____ .

① in
② on
③ by
④ out
⑤ with

03 두 문장이 같은 뜻이 되도록 빈칸에 알맞은 것을 고르시오.

> He is very clever, so he can do this presentation.
> = He is clever _____ to do this presentation.

① so
② too
③ and
④ enough
⑤ even

clever 영리한   presentation 발표

04 다음 우리말을 영어로 바르게 옮긴 것을 고르시오.

> 그것을 어떻게 끝내야 할지 나는 모른다.

① I wonder where to finish it.
② I don't know when to finish it.
③ I don't know how to finish it.
④ I don't know where to finish it.
⑤ I don't care when to finish it.

care 관심이 있다

05 밑줄 친 to 부정사의 쓰임이 나머지와 <u>다른</u> 하나를 고르시오.

① Christie went to England <u>to learn</u> English.
② I go to a market <u>to buy</u> some fruit.
③ I am glad <u>to see</u> him.
④ Harry studies hard <u>to be</u> a doctor.
⑤ Emily went to the hospital <u>to help</u> him.

06 빈칸에 알맞은 말을 고르시오.

_____ a lot of candies is bad for your teeth.

① Eat
② Ate
③ Eats
④ Eating
⑤ Eaten

07 빈칸에 말맞는 말을 쓰시오.

Andy : I need some tickets for this concert.
Bruce : I know _____ them.
나는 그것들을 어디서 구하는지 알아.

get 구하다

08 밑줄 친 부분의 쓰임이 나머지와 <u>다른</u> 하나를 고르시오.

① <u>It</u> is fun to read this book.
② <u>It</u> is nice to see you again.
③ <u>It</u> is very important to meet them.
④ <u>It</u> is easy to go there.
⑤ <u>It</u> is so hot this summer.

09 해석이 틀린 것은?

① too young to work → 너무 어려서 일할 수 없는
② too late to attend → 너무 늦어서 참석할 수 없는
③ too busy to come → 너무 바빠서 올 수 없는
④ warm enough to drink → 따뜻하기에 충분히 마시는
⑤ smart enough to remember → 기억하기에 충분히 똑똑한

10 ( ) 안의 동사를 빈칸에 알맞은 형태로 바꿔 써 넣으시오.

> Bruce gave up _____ last year. (smoke)

13 다음 문장에서 <u>잘못된</u> 부분을 찾아 고쳐 쓰시오.

> The girls are invited to Jim.

_____ → _____

11 다음 빈칸에 알맞은 말을 고르시오.

> Basketball players _____ touch the ball with their feet.

① weren't
② hadn't
③ isn't
④ have not
⑤ should not

feet foot (발)의 복수

14 빈칸에 알맞은 말을 고르시오.

> 너는 교실에서 조용히 해야만 한다.
> You _____ be quiet in the class.

① have
② should
③ would
④ will
⑤ should not

12 밑줄 친 부분의 쓰임이 <u>다른</u> 것을 고르시오.

① I have a <u>sewing</u> machine
② Mary wore a <u>swimming</u> suit.
③ He is a <u>walking</u> dictionary.
④ This building has a <u>smoking</u> room.
⑤ The woman is <u>working</u> hard.

15 다음 문장을 수동태로 바꾼 것으로 알맞은 것을 고르시오.

> We make a magazine.

① A magazine is make by us.
② A magazine was make by us.
③ A magazine is made by us.
④ We be made a magazine.
⑤ A magazine do made us.

magazine 잡지

16 빈칸에 들어갈 알맞은 말을 고르시오.

> The sweater _____ by mom

① knits
② is knit
③ is knitted
④ are knited
⑤ has knitted

17 두 문장이 같은 뜻이 되도록 빈칸에 알맞은 말을 고르시오.

> Susan can't speak Chinese.
> = Susan _____
>   speak Chinese.

① must not
② don't have to
③ should not
④ am not able to
⑤ isn't able to

18 다음 중 바르지 <u>않은</u> 문장을 고르시오.

① It has been hot since yesterday.
② Where has he gone?
③ Mary has worked at the restaurant for 5 years.
④ Tom lived in Seoul since 2012.
⑤ It has rained for a long time.

19 다음 대화의 빈칸에 알맞지 <u>않은</u> 것을 고르시오.

> *Anne* : How long has he known you?
> *Jenny* : _____ .

① Since last summer.
② It was ten years ago.
③ Since 2005.
④ For more than four years.
⑤ He has known me for one year.

20 다음 빈칸에 알맞은 것을 고르시오.

> My brother went to school, and he isn't at home now.
> → He _____ to the school.

① go
② goes
③ has been
④ have gone
⑤ has gone

21 다음 문장은 몇 형식인지 고르시오.

> The story made us pleased.

① 1 형식
② 2 형식
③ 3 형식
④ 4 형식
⑤ 5 형식

[22-23] 다음 대화를 읽고 물음에 답하시오.

> *Lily* : Mom, ⓐ can I go to the concert tonight?
> *Mom* : What kind of concert?
> *Lily* : It's classical music. Emma was ⓑ busy preparing this concert. She is going ⓒ to play the violin.
> *Mom* : Really? Then, ⓓ go and see that concert. But you ⓔ shouldn't be back by 10. Don't be late.
> *Lily* : Okay, mom.

22 밑줄 친 ⓐ에 대신에 사용할 수 있는 것을 고르시오.

① do
② may
③ must
④ will
⑤ should

23 ⓑ~ⓔ 중 문맥상 어색한 것을 고르시오.

① ⓑ
② ⓒ
③ ⓓ
④ ⓔ
⑤ 없음

[24–25] 다음 글을 읽고 물음에 답하시오.

> Ben is very bored. There is nothing
> ___ⓐ___ at home. He has already
> finished his homework. He has also
> already played with his toys and video
> games. He has no more ___ⓑ___ . He
> decided ___ⓒ___ up a friend. However,
> his friend is busy. Ben will just have to
> watch some TV.

call up ∼를 전화로 불러내다

24 밑줄 친 ⓐ, ⓑ에 차례로 알맞은 것은?

① to do - to games play
② to do - games to play
③ doing - to play games
④ doing - play to games
⑤ do - to games play

25 밑줄 친 ⓒ에 들어갈 알맞은 말은?

① calling
② call
③ called
④ will call
⑤ to call

MEMO

MEMO

MEMO